JN412743

보통날의 채식 도시락

보통날의 채식 도시락

—

2024년 3월 5일 개정판 1쇄 인쇄
2024년 3월 15일 개정판 1쇄 발행

—

지은이 박다라
펴낸이 이상훈
펴낸곳 책밥
주소 03986 서울시 마포구 동교로23길 116 3층
전화 번호 02-582-6707
팩스 번호 02-335-6702
홈페이지 www.bookisbab.co.kr
등록 2007.1.31. 제313-2007-126호

—

디자인 디자인허브

—

ISBN 979-11-93049-30-3 (13590)
정가 17,500원

ⓒ 박다라, 2024

이 책은 저작권법에 따라 보호받는 저작물이므로 무단전재와 무단복제를 금합니다.
이 책 내용의 전부 또는 일부를 사용하려면 반드시 저작권자와 출판사에 동의를 받아야 합니다.
잘못 만들어진 책은 구입한 곳에서 교환해드립니다.

책밥은 (주)오렌지페이퍼의 출판 브랜드입니다.

보통날의
채──식
도시락

박다라 지음

직장인을 위한
든든한 한 끼

개정판

책밥

Prologue

저는 요리를 제대로 배운 적도 없고, 채식에 대해 아주 전문적인 지식을 갖고 있지도 않습니다. 그렇기에 이 책을 요리책이나 채식 입문서로 분류하기에 조금 낯부끄럽기도 합니다. 평범한 직장인의 도시락 일상 기록이라고 칭하는 게 더 어울릴지도 모르겠습니다. 하지만 누구보다 꾸준히 채식 도시락을 챙기며 느낀 것들과 알게 된 것들은 분명 나눌 가치가 있다고 생각했습니다. 점심시간만큼은 업무에서 벗어나 직접 준비한 채식 도시락을 먹는 일상이 더러 지치고 팍팍한 직장 생활에 작지만 확실한 변화를 가져다주었거든요. 하루 대부분의 시간을 보내는 일터에서 온전한 나만의 시간을 갖는다는 게 얼마나 소중한 일인지, 다 함께 건강한 삶을 위해 선택한 채식 도시락을 마주하며 스스로 단단해지는 기분은 어떤 느낌인지 그런 순간들을 기록하고 나누고 싶었습니다. 하는 일도 다르고 처해있는 상황도 다르겠지만 모든 직장인들이 공통적으로 느끼고 있을 일상의 고단함, 단조로움, 무기력함 같은 감정들이 점심 도시락 한 끼로 어느 정도 위로받을 수 있다고 말해주고 싶었달까요. 이런 마음을 차곡차곡 담아 〈보통날의 채식 도시락〉을 완성했습니다.

이 책에 소개한 메뉴는 실제 1년 넘게 채식 도시락을 직접 만들어 먹으며 엄선한 것들입니다. 아침에 출근해 1시간의 점심시간을 가진 후 저녁 무렵 퇴근하는 보통의 직장인을 기준으로 편의성을 충분히 고려해 메뉴를 선정했습니다. 일반적인 '채식 요리책'이 아닌 '채식 도시락 요리책'이라는 특성에 걸맞게 알아 두면 유용한 도시락 전용 조리팁도 곳곳에 담아두었고요. 무엇보다 도시락을 준비하는 일이 마냥 품만 많이 들고 귀찮은 일이 아닌, 하루를 건강하게 마무리하고 시작하기 위한 하나의 리추얼이 되는 과정을 담고자 노력했습니다. 메뉴 하나하나의 설명과 챕터를 마무리 짓는 페이지마다 실어둔 소소한 에세이에서 그 마음을 느낀다면 더없이 좋을 것 같습니다. 이 책을 읽고 부엌 구석에서 존재감 없이 자리만 차지하던 도시락 통 하나를 꺼내 들고, 낯선 몸짓으로 도시락을 준비하는 독자님의 변화된 일상을 그려봅니다.

- 2024년 봄, 박다라

Contents

Chapter
1

한입에 쏙,

김밥
·
주먹밥
·
쌈밥

Chapter
2

든든한 한 끼,

덮밥
·
볶음밥
·
솥밥

 Chapter

3

간편한 별미,
샌드위치
·
샐러드

나만의 마음챙김
도시락 통

어쩌다 한 번이 아닌 지속 가능한 도시락 라이프를 즐기고 싶다면, 먼저 마음에 쏙 드는 도시락 통 하나를 마련해보자. 집에 있는 반찬 통을 이용해도 좋지만, 실용적이면서도 예쁜 도시락 통이 있다면 맨밥에 반찬 한두 가지로도 제법 폼 나는 도시락이 완성된다. 일회용 포일에 대충 만 김밥을 먹는 것과 예쁜 도시락 통에 정갈하게 담긴 김밥을 먹는 느낌은 확실히 다르다. 도시락 하나에 제대로 대접받고 있다는 생각이 들어 어떤 날은 큰 위안을 받기도 하고 또 어떤 날에는 잠깐 내려앉은 자존감이 높아지기도 한다.

그리고 이왕이면 나무, 유리, 스테인리스 스틸, 실리콘처럼 환경에 최소한의 영향을 주는 재료들로 만든 튼튼한 용기를 골라 오래도록 사용하면 어떨까. 편의를 위해 한 번 쓰고 버리는 일회용 용기에 담고 싶을 수도 있지만, 채식을 해보기로 마음먹은 김에 가급적 플라스틱 용기 사용도 자제하며 환경을 생각하는 시도를 이어가길 바란다. 플라스틱은 썩지도 않고 돌고 돌아 지구환경을 해치고 결국 우리 몸 안에 미세 플라스틱으로 축적된다는 사실을 잊지 말기를.

| **1** | 대나무 도시락 통 | **2** | 나무 도시락 통 |

물기가 없는 주먹밥이나 샌드위치를 담을 때 유용한 용기. 음식이 바로 닿으면 용기가 오염되어 오래 사용하지 못하므로 바닥면과 옆면에 종이 포일을 깔아주면 좋다.

김밥이나 쌈밥류를 담기에 좋다. 나무 특성상 너무 뜨겁거나 국물이 많은 음식을 담으면 열기나 수분에 의해 도시락 통이 변형될 수 있으니 유의한다.

| **3** | 유리 도시락 통 |

속이 훤히 들여다보여 다양한 색감의 재료로 만든 샐러드를 담으면 예쁘다. 밀폐가 잘되는 내열유리용기라면 액체나 뜨거운 음식을 담기에도 적합하다.

4	실리콘 도시락 통	**5**	코튼 천

열에 강하고 가벼워 활용도가 높다. 밀폐가 잘되는지 확인하고 구입한다.

도시락은 여러 번 사용할 수 있는 코튼 천이나 재사용 종이봉투에 담는 것을 추천한다. 취향에 맞는 천을 활용하면 도시락을 챙겨 나설 때 왠지 기분도 좋다.

6	수저집

수저를 챙기지 않아 갑자기 일회용품을 사용하게 되는 경우가 은근 자주 생긴다. 천, 나무, 스테인리스 스틸, 가죽으로 된 수저집을 하나 마련해 두면 숟가락, 젓가락도 잊지 않고 챙길 수 있다.

바쁜 직장인의
도시락 준비 노하우

직장인의 아침은 출근 준비만으로도 정신이 없다. 5분, 10분이 아쉬운 마당에 도시락까지 준비할 여유가 있을 리 만무하다. 하지만 회사에서도 든든한 채식을 즐기고 싶던 나는 어떻게든 일상에 부담이 되지 않는 선에서 직접 채식 도시락을 준비할 수 있는 여러 가지 방법을 시도해 보기로 했다. 꾸준히 실천하다 보니 도시락이라는 제한된 특성에 꼭 맞는 레시피도 개발하게 되었고, 바쁜 와중에도 무리 없이 준비하는 나만의 도시락 싸기 노하우도 얻게 되었다.

도시락 메뉴를 선정할 때 가장 중요하게 고려하는 기준은 전날 저녁에 거의 모든 조리를 끝내고 밤새 냉장 보관을 해도 맛이나 식감에 크게 변화가 없어야 한다는 것이다. 회사에서는 도시락을 먹기 직전까지 냉장고나 실온에 보관했다가 그대로 바로 먹을 수 있거나 간단히 전자레인지에 데우는 정도로 준비가 끝나야 한다. 먹는 과정도 번잡스럽지 않고 깔끔한 메뉴가 좋다. 이러한 기준으로 내가 자주 해 먹는 메뉴들을 골라 이 책에 실었다. 책에 담긴 메뉴 특성별로 어떻게 준비하면 효율적인지 그 루틴을 소개한다.

| 1 | 김밥, 주먹밥, 쌈밥, 덮밥, 볶음밥 |

전날 만들어 밤새 냉장 보관해 뒀다가 다음날 오전 내내 실온에 보관한다. 점심시간이 되면 찬기가 가시고 밥알은 먹기 좋게 말랑해져 있을 것이다. 단, 밥만큼은 당일에 새로 지은 것을 사용하는 게 좋다. 만약 남아 있는 찬밥으로 만들었다면 다음날 오전 내내 실온에 두어도 밥알이 조금 딱딱할 수 있으니 먹기 직전에 30초~1분 정도 전자레인지에 돌린 후 먹는다. 기온이 높은 여름에는 음식이 금방 상할 수 있으니 전날부터 다음 날 점심시간까지 냉장 보관했다가 전자레인지에 1분 30초~2분 정도 돌린 후 먹는 것을 추천한다.

| 2 | 샌드위치, 샐러드, 월남쌈 |

전날 저녁부터 다음날 점심시간까지 쭉 냉장 보관했다가 꺼내서 바로 먹는다. 따로 데우지 않고 차갑게 먹을 수 있는 도시락이기에 여름에 적합하다.

| 3 | 냉동 도시락 |

평일 퇴근 후 도저히 도시락 준비할 짬이 나지 않는다면 주말에 두세 가지 메뉴를 넉넉히 만들어 실리콘 도시락에 소분해 얼려 두는 방법도 있다. 출근할 때 냉동실에 얼려 놓은 도시락 하나를 꺼내 들면 준비 끝! 오전 내내 실온에서 해동하고 먹기 직전 전자레인지에 2분 정도 돌리면 된다.

손이 자주 가는
채식 식재료

채식을 시작하는 단계라면 대체 어떤 재료들로 어떤 음식을 해먹어야 할지 막막할 것이다. 이때, 무턱대고 '고기 없이 채소만'이라는 식으로 접근하면 필요한 영양소를 놓치기 쉽다. 탄수화물, 단백질, 이로운 지방도 균형 있게 섭취할 수 있도록 다양한 재료를 활용해야 한다. 탄수화물과 단백질은 통곡물, 비건 빵, 두부, 템페 등으로 채우고, 이로운 지방은 신선한 오일, 견과류 등으로 채우면 좋다. 비타민과 무기질이 풍부한 해조류와 채소도 충분히 챙기도록 한다. 다음은 제철 채소와 과일 외에 도시락용 채식 요리를 준비할 때 유독 자주 쓰는 식재료를 정리한 것이다. 소개하는 식재료를 신선한 제철 재료와 조합해 다채로운 채식 라이프를 즐겨보자.

1	**뿌리채소**	**2**	**잎채소**

대부분의 채소를 좋아하지만 특히 뿌리채소에 손이 자주 간다. 땅속의 온갖 좋은 성분을 다 끌어안고 있나 싶을 정도로 식이섬유, 비타민, 미네랄, 철분 등 영양소가 풍부한 뿌리채소. 찜, 볶음, 튀김 등 어떤 방법으로 조리하느냐에 따라 다양한 맛과 식감을 내주어 다채로운 매력도 있다. 물론 생으로 먹어도 맛있다.

도시락에는 잎채소를 특히 자주 활용한다. 샌드위치용 잎채소로는 버터헤드레터스와 로메인상추를 추천한다. 잎이 낱장으로 분리되어 있지 않고 밑동 부분이 붙어 있는 것을 구입하면 비교적 오래 보관할 수 있다. 보통 샌드위치에는 2~3장만 사용하게 되므로 보관 기간이 긴 잎채소가 유용하다.

3	**허브**	**4**	**말린 표고버섯**

허브를 적당히 사용하면 요리의 맛과 멋을 살릴 수 있다. 루콜라, 고수, 딜, 바질, 로즈메리 등 다양한 허브를 접해보고 취향에 맞는 것을 골라보자. 생 허브는 신선한 풍미를, 말린 허브가루는 가열 시 좀 더 깊은 풍미를 내준다.

버섯은 쫄깃한 식감과 진한 감칠맛을 가지고 있어 채식에 요긴하게 쓰인다. 특히 표고버섯은 이러한 특성이 강해 자주 사용하게 된다. 많은 양을 구입했다면 햇볕에 말려서 사용해보자. 보관하기에 용이하고, 감칠맛도 더 진해지며, 비타민D를 함유하게 되어 영양가도 높아진다.

5	**말린 나물**	**6**	**톳**

곤드레나물, 취나물, 고사리, 호박고지 등 말린 나물 한두 가지를 구비해두면 마땅한 생 채소가 없을 때 요긴하게 활용할 수 있다. 불려야 하는 번거로움이 있지만, 상할 걱정 없이 보관을 오래 할 수 있다는 장점이 있다. 무침이나 볶음 등의 반찬에 활용하거나 밥을 지을 때 더하면 좋다.

해조류에는 평소 부족하기 쉬운 칼슘이 풍부해 꾸준히 섭취하면 좋다. 해조류 중 도시락 재료로 추천하는 것은 톳! 물에 잠깐 불리면 바로 사용할 수 있는 시판 제품(쪄서 말린 것)을 구입하면 간편하게 솥밥, 볶음밥, 무침 등에 활용 가능하다.

1	찰현미		2	퀴노아

통곡물이 몸에 좋은 건 누구나 알지만 온갖 잡곡을 섞어 지은 밥을 별로 좋아하지 않는 사람도 있을 것이다. 그렇다면 일반 현미와 찰현미를 절반씩 섞어 밥을 지어보자. 적당한 찰기도 있으면서 달고 구수해서 호불호 없이 먹기 편한 현미밥이 완성된다.

슈퍼푸드로 각광받는 곡물로 쌀에 비해 단백질 함유량이 2배 이상 높아 채식인들에게 부족하기 쉬운 단백질을 채워준다. 삶은 퀴노아를 샐러드 토핑으로 활용하면 식감과 영양을 동시에 챙길 수 있다.

3	오트밀(압착 귀리)		4	병아리콩

귀리를 볶은 후 압착하여 납작하게 만든 것. 식이섬유가 풍부해 소화가 잘되며, 맛이 담백하고 구수해 편하게 먹을 수 있다.

병아리의 머리 모양과 닮았다 하여 이름 붙여진 콩. 삶은 그대로 먹어도 맛있지만 각종 향신료와 함께 갈아 후무스를 만들어 먹는 것을 추천한다(112쪽 참고). 후무스는 크래커나 빵 등에 발라 먹거나, 샐러드의 토핑, 샌드위치의 스프레드로 활용 가능하다. 냉장고에서 1주일 정도 보관 가능하니 수시로 꺼내 먹으면 단백질을 보충할 수 있다.

5	견과류

단백질, 미네랄, 오메가-3 지방산, 비타민 등 몸에 좋은 영양소가 가득한 견과류를 매일 적당량씩 먹으면 채식인들에게 부족하기 쉬운 영양소를 챙길 수 있다. 채식 도시락을 준비할 때 영양이 불균형해 보이거나 식감이 부족해 보인다면 다진 견과류를 더해보자.

1	**비건 빵**	**2**	**라이스페이퍼**

샌드위치용으로 쓰기 좋은 빵으로는 담백한 맛을 지닌 통밀 식빵, 통밀 바게트, 치아바타, 피타브레드 등이 있다. 샌드위치 도시락을 쌀 때는 냉동 보관했던 빵을 데워서 활용해도 된다.

라이스페이퍼를 활용하면 좋아하는 채소를 한데 모아 편하게, 든든하게 먹을 수 있다. 이러한 장점 덕분에 도시락 재료로 특히 유용하다. 양념에 졸인 표고버섯과 파프리카 등을 라이스페이퍼에 올려 돌돌 말면 특별한 월남쌈이 완성된다(132쪽 참고).

3	**템페**

콩을 발효시켜 만든 인도네시아 음식. 생김새는 두부와 비슷하고, 성질이나 맛은 청국장에 가깝다. 끈끈한 질감의 청국장과는 달리 단단한 질감을 갖고 있다. 이 책에서 자주 등장하는 재료로 그만큼 활용도가 높고 조리법도 간단하며, 맛이 담백해 이런저런 요리에 활용하기도 좋다. 무엇보다 단백질 함량이 매우 높아 채식인들이 애용하는 재료이다.

4	**두부, 유부**

두부는 템페만큼 만만하게 자주 꺼내 쓰는 재료이다. 부침, 조림, 튀김 등 조리법을 가리지 않고 다양하게 활용할 수 있으며, 어떤 양념을 더해도 쏙쏙 흡수해 맛있는 음식을 완성할 수 있다. 얼린 두부를 해동 후 사용하는 것도 유용하다. 두부를 한 번 얼렸다 녹이면 수분이 빠져나가면서 스펀지 같은 질감이 되어 양념이 잘 배며, 튀김이나 볶음에 사용 시 바삭하고 쫄깃한 식감을 낼 수 있다. 두부를 기름에 튀긴 유부도 채식에 자주 사용하는 식재료 중 하나이다.

1	씨겨자(홀그레인 머스터드)	2	디종 머스터드
겨자씨를 거칠게 갈아 알갱이가 톡톡 씹히는 머스터드. 밋밋할 수 있는 요리에 새콤한 향과 부드러운 풍미, 재밌는 식감을 더해 준다. 특히 샌드위치의 스프레드나 샐러드 드레싱에 활용하기 좋다.		허브, 백포도주를 섞어 향긋하고 톡 쏘는 풍미가 일품인 머스터드. 다른 머스터드류에 비해 겨자의 매운맛이 강하게 나며, 가격도 그중 높은 편이지만 확실히 고급스러운 풍미를 낼 수 있다.	

3	레몬즙, 라임즙	4	화이트와인 식초
샐러드에 자주 쓰이는 재료로 그때그때 생과일로 즙을 내서 사용하는 것이 맛있지만, 편의를 위해 시판 제품을 한 병씩 구비해 두면 유용하다.		화이트와인을 발효한 식초로 산뜻한 단맛이 느껴진다. 흔히 샐러드 드레싱이나 양식에 신맛을 더할 때 활용한다. 향이 강하지 않은 현미식초나 레몬즙으로 대체할 수 있지만 화이트와인 식초를 한 병 구비해 두고 이만의 향긋한 풍미를 느껴보는 것을 추천한다.	

5	비정제 설탕	6	조청
정제 과정을 거치지 않은 설탕. 혈당지수가 낮아 섭취 시 체내 혈당을 천천히 올려 일반 설탕에 비해 건강을 챙길 수 있다. 담백한 단맛이 나 채소 요리에 활용하기 좋다.		곡식으로 만든 천연 감미료로 보통 쌀을 원재료로 활용한다. 꿀과 비슷한 풍미를 내지만 그보다 저렴해 요리에 편하게 사용할 수 있다. 설탕보다는 단맛이 덜하니 설탕으로 대체 시 이를 참고해 양을 조절한다.	

7	비건 마요네즈	8	땅콩버터
콩과 식물성 원료를 활용한 마요네즈. '소이 마요'라고도 부른다.		이름만 들었을 땐 논비건 제품일 것 같지만 대부분의 땅콩버터는 비건 제품이다.	

9	큐민가루	10	파프리카가루
톡 쏘는 이국적인 풍미를 내주는 향신료. 비슷한 풍미를 가진 식재료로는 카레가루, 강황가루를 들 수 있지만, 이보다 더 톡 쏘고 독특한 풍미를 낸다.		서양에서 고춧가루처럼 쓰는 향신료. 요리에 깔끔한 색감과 은은한 매운맛을 더해준다. 고춧가루에 비해 매운맛은 덜하고, 칼칼한 단맛이 나는 것이 특징이다.	

11	타히니
중동 요리에 많이 쓰이는 참깨 페이스트로 드레싱, 딥핑 소스 등으로 활용한다. 온라인 몰에서 쉽게 구입 가능하지만, 대체하고 싶다면 참깨를 식물성 오일(식용유, 참기름)과 함께 갈아 사용해도 된다.

1 코코넛오일	**2** 올리브유
특유의 달콤한 향이 나는 식물성 오일. 낮은 온도에서 굳는 성질이 있어 채식 베이킹을 할 때 버터 대신 활용하기도 한다.	발연점이 낮아 고온에서 산화되므로 드레싱에 활용하는 것을 추천한다. 압착 횟수가 적을수록 품질이 좋으며, 1회 압착한 '엑스트라 버진 올리브유'를 추천한다.
3 아보카도오일	**4** 참기름, 들기름
발연점이 높아 고온의 요리에 활용할 수 있다. 불포화 지방산이 풍부해 영양가도 높다.	한식풍의 채식 요리를 할 때 요긴하게 활용할 수 있다. 고소한 풍미가 진한 편이다.

채식하는 직장인에게 힘이 되는
든든한 간식

일하다 보면 당 떨어지는 듯한 느낌이 하루에 한 번은 꼭 온다. 채식을 하다 보니 갑자기 배가 고프면 당황스럽기도 하다. 채식 조건에 맞으면서 건강한 간식거리를 찾기가 쉽지 않기 때문이다. 성분만 기준으로 두고 비건 제품을 찾으면 편의점에 파는 일반 과자도 먹을 수 있지만, 건강에 좋지 않은 과자로 배를 채우는 건 지양하고 싶다. 동물권이나 환경을 생각해 고기만 피하자는 생각으로 채식하는 사람들 중에 종종 과자나 가공식품으로 끼니를 때우는 '정크비건'들이 있는데, 이러한 식습관은 건강을 위해 경계하는 것이 좋다.

웬만하면 도시락을 쌀 때 가볍게 먹기 좋은 비건 간식도 함께 챙기는 것을 추천한다. 개인적으로는 첨가물이 들어 있지 않은 국산콩 두유를 간식으로 가장 애용하고, 견과류, 바나나, 고구마, 단호박 등도 자주 찾는다. 시판 간식을 고를 때는 성분구성표를 확인하는 것도 잊지 않는다. 정제 설탕이 많이 들어있거나 지방 성분이 높으며 첨가물이 많이 든 제품들은 최대한 피하고, 단백질 함량이 높은 통곡물을 주재료로 하거나 첨가물 대신 건강한 식재료로 맛을 낸 제품들 위주로 고른다. 요즘엔 맛도 좋고 영양 구성도 훌륭한 제품들이 많이 출시되어 다양한 간식을 맛있게 즐길 수 있다. 직접 먹어본 후 추천하고 싶은 몇 가지 간식을 추려보았다.

1 템페칩	2 그래놀라
템페를 칩으로 만들어 간식 도시락으로 챙겨보자. 회사에서 배고플 때 출출함을 금세 잠재울 수 있다. 집어먹기 편해서 간식으로 제격이다(159쪽 참고).	직접 만든 그래놀라를 밀폐용기에 담아두면 언제 어디서나 과자처럼 먹기 편하다. 두유 요거트에 곁들이면 더욱 든든하게 즐길 수 있다(158쪽 참고).
3 고구마	4 단호박
유기농 고구마를 깨끗이 씻어 오븐이나 에어프라이어에 구운 후 얼려 두면 출근할 때 간식으로 하나씩 챙기기 좋다. 실온에서 완전히 해동해 먹어도 맛있지만 살짝 언 상태에서 껍질째 먹는 것도 매력 있다.	든든한 간식으로는 단호박이 최고. 익힌 단호박을 챙기는 게 좋지만, 시간이 여의치 않을 땐 생 단호박을 내열용기에 담아오기도 한다. 먹기 전 전자레인지에 5분만 돌리면 말랑하게 잘 익은 단호박을 먹을 수 있다. 단호박은 너무 크지 않은 것으로 고른다.

5	바나나, 방울토마토, 사과	6	견과류

사계절 쉽게 구입 가능하고, 손쉽게 먹을 수 있어 자주 찾는 과일 간식이다.

채식할 때 부족하기 쉬운 불포화 지방산이 풍부하다. 개인적으로 '바프'에서 나오는 '먼 투썬' 제품을 좋아한다. 요일별로 구성이 다른 7일치 패키지가 먹는 재미를 더해준다. 재료가 깨끗하고 건강한 느낌이 드는 '오트리' 제품도 추천한다.

7	두유	8	시판 간식

칼슘과 유산균, 단백질까지 풍부한 영양 간식. 좋아하는 제품은 '완전두유 1000'. 소량의 올리고당이 첨가되어 있어 은은한 단맛이 나며 두유 특유의 비린내가 느껴지지 않는다.

미주라 통밀 크래커, 소이아 크래커

잇츠베러 얼그레이 크래커, 통밀츄러스 크래커

퀄리 브래드스틱

옐로욜로 카카오칩

유기샘 돼지감자칩

오희숙 부각 김·미역·다시마 부각

반두아 코코넛 크래커

우리밀 검은콩 현미칩, 쫀득 인절미 모나카

소이본 템페칩

Simply7 퀴노아 칩스

리터스포트 비건 다크 아몬드 퀴노아 초콜릿

✱	일러두기

레시피 분량은 계량스푼과 계량컵을 기준으로 제시한다. 1큰술은 15ml, 1작은술은 5ml, 1컵은 200ml를 말한다. 계량스푼을 밥숟가락으로 대체 시 수북하게 계량해야 한다.

불 세기나 가열 시간을 정확하게 지키는 것보다 레시피 설명의 주의 사항을 참고하여 각자의 주방 환경에 맞게 조절하는 것을 추천한다.

'직장인 채식 도시락'이라는 특성에 맞게 분량은 1인분을 기준으로 제시한다. 단, 그 이상의 양을 만드는 것이 좀 더 용이한 메뉴의 경우 따로 분량을 기입해 두었다.

채소나 과일은 별도의 언급이 없는 경우 씻어서 손질한 것을 사용한다.

재료 중 식용유는 카놀라유, 포도씨유, 현미유 등으로 대체 가능하다.

Chapter. 1

한입에 쏙,

김밥
·
주먹밥
·
쌈밥

도시락 메뉴로 가장 사랑하는 밥 삼총사, 김밥·주먹밥·쌈밥! 입맛에 맞는 재료를 활용해 대강 만들어도 맛있으니 부담이 없고, 부재료들을 양껏 활용할수 있어 채식을 할 때 자칫 부족하기 쉬운 영양소를 간편하게 채워주는 기특한 메뉴들이다. 그동안 만들어 먹어본 음식 중에 최소한의 재료로 손쉽게 맛과 영양을 동시에 챙길 수 있는 추천 조합 몇 가지를 엄선해 보았다. 조금 수고로워도 담음새까지 신경 쓴 근사한 도시락 하나면 출근길조차 왠지 신나고즐겁다.

1

템페 묵은지
김밥

템페는 콩을 발효해 만든 음식으로 채식인들에게 부족하기 쉬운 영양
소가 가득한 보석 같은 재료다. 며칠째 장을 못 본 어느 날, 템페 하나
들고 텅 빈 냉장고를 뒤지다 묵은지가 눈에 들어왔다. 둘 다 발효 음식
이니 같이 먹으면 맛있겠다는 생각으로 김밥을 만들었는데 역시나! 그
날 이후로 템페는 쟁여 두고 먹는 필수 식재료가 됐고 냉장고 구석에서
잊힐 뻔한 묵은지는 쓰임이 많아졌다.

Ingredient

김밥용 김 1장
밥 1공기
템페 1/2개(100g)
묵은지 3~4장
당근 1/2개
소금 약간

〔단촛물〕
식초 1큰술
비정제 설탕 1/3큰술
소금 1/4작은술

〔템페 밑간〕 * 1개 분량
간장 1큰술
큐민가루 1/3큰술
파프리카가루 1/3큰술
소금·후추 약간

Tip   **김밥 야무지게 마는 법**   집에서라면 옆구리 터진 김밥을 먹는 것도 맛있지만, 도시락 통에서 터진 김밥을 그러모아 먹는 것만큼 모양 빠지고 김새는 일이 있을까? 특히 움직임이 많은 도시락 통 안에서 김밥 옆구리를 터뜨리지 않고 온전히 사수하기 위해서는 김밥 야무지게 마는 법을 익혀두면 좋다.

① 김의 거친 면에 위아래 1cm 정도 공간을 남기고 밥을 얇게 펴 올린다.

② 아래 1/4 정도 공간을 남기고 속재료는 촘촘하게 쌓아준다.

③ 두 손으로 김발과 김 아랫면을 동시에 잡고 모든 속재료를 '한 번에' 덮어주는 게 포인트!

④ 동그랗게 말린 김이 모든 속재료를 잘 감싸고 있는지 양 옆면을 확인하고, 제대로 말리지 않은 곳이 있다면 손으로 정리해 준다.

⑤ 김의 남은 부분을 마저 말고 이음매가 벌어지지 않도록 아래로 두고 얼마간 고정시킨다.

⑥ 썰 때는 반드시 잘 드는 칼을 사용하고, 앞뒤로 여러 번 크게 움직이기 보다 칼의 움직임을 최소화해 마지막에는 지그시 누르면서 김을 끊어내듯 썬다.

1   단촛물 재료를 섞은 후 고슬고슬하게 지은 밥에 넣는다. 골고루
     섞은 후 한 김 식힌다.

2   냉동 보관한 템페는 실온에 1시간 이상 두어 해동한 후 세로로
     길게 4등분한다. 사용할 2조각에 밑간을 한다.

     * 해동이 덜 된 단단한 상태에서는 단면이 부스러져 깔끔하게 썰리지 않는
     다. 템페는 맛이 담백한 편이라 간장이나 된장, 향신료 등으로 밑간하는 것을 추
     천한다.

3   밑간한 템페는 180℃로 예열한 오븐에서 15분간 굽는다.

     * 기름을 두른 팬에서 뒤집어가며 네 면을 각각 3분 이상씩 구워도 된다.

4   당근은 채 썬 후 기름을 두른 팬에 가볍게 볶다가 소금으로 간을
     맞춘다.

5   묵은지는 흐르는 물에 깨끗이 씻은 후 물기를 꼭 짠다.

6   김 위에 밥, 묵은지, 템페 2조각을 나란히 올리고 채 썰어 볶은
     당근을 풍성하게 쌓아 돌돌 만다. 한입 크기로 썬다.

     * 매콤한 맛을 좋아한다면 풋고추나 청양고추를 반으로 갈라 넣거나, 청양고
     추 피클(149쪽 참고)을 잘게 다져 넣어줘도 좋다.

Tip   **단촛물 사용하기** 단촛물은 김밥의 감칠맛을 더해주고 저장성도 높여준다. 특
       히 장시간 보관해야 하는 도시락용 김밥이라면 밥 양념을 잊지 말자. 취향에 따
       라 이를 생략하고 참기름 1큰술과 소금으로 간을 맞춰도 좋다. 단촛물은 1개월
       이상 냉장 보관이 가능하니 비율을 맞춰 한 번에 넉넉히 만들어 두면 편하다.

2

당근 견과류 김밥

어린 시절 어느 날, 엄마는 볶음밥이나 카레 속에나 숨겨 넣던 당근을 웬일인지 큼지막하게 어슷 썰어 기름에 넣고 소금 간만 해서 볶아 반찬으로 내주었다. 접시 가득 적나라하게 드러난 주황색의 날선 컬러감에 압도당해 눈길도 주지 않고 있는데, 어찌어찌 입에 밀어 넣어진 당근볶음. 하지만 의외로 달콤하니 맛이 좋아 그 길로 이 주황빛 채소를 사랑하게 됐다. 특히 김밥에 당근을 가득 더하는 걸 좋아하는데 통통 튀는 색감과 어느 재료와도 잘 어울리는 푸근한 단맛이 보는 재미와 먹는 재미를 동시에 만족시켜준다.

Ingredient

김밥용 김 1장
밥 1공기
당근 1개
견과류 페이스트 적당량
아스파라거스 4~6줄
소금·후추 약간

〔단촛물〕
식초 1큰술
비정제 설탕 1/3큰술
소금 1/4작은술

〔견과류 페이스트〕 *2회분
구운 견과류 1컵
(아몬드, 호두, 캐슈넛, 피칸 등)
올리브유 1과 1/2큰술
레몬즙 1과 1/2큰술
조청 1작은술(또는 올리고당)
소금 1/2작은술

1   단촛물 재료를 섞은 후 고슬고슬하게 지은 밥에 넣는다. 골고루
    섞은 후 한 김 식힌다.

2   믹서 또는 핸드블렌더로 견과류 페이스트 재료를 거칠게 간다.

3   당근은 가늘게 채 썬 후 견과류 페이스트와 골고루 버무린다. 견
    과류 페이스트의 양은 취향에 맞게 적당히 넣는다.

    * 채소용 채칼을 마련하는 것을 추천한다. 힘도 덜 들고 재료 준비 시간도 훨
    씬 절약할 수 있다. 김밥에 들어가는 채소는 최대한 가늘어야 아삭하고 맛있다.

4   아스파라거스는 밑동을 0.5cm 정도 잘라낸 후 기름을 두른 팬
    에 넣어 골고루 볶는다. 중간에 물 2큰술을 넣고 뚜껑을 덮어
    1분간 익힌 후 소금, 후추를 살짝 뿌려 간을 맞춘다.

    * 굵은 아스파라거스는 섬유질 때문에 질길 수 있으므로 필러로 겉껍질을 얇
    게 벗겨내고 사용한다.

5   김 위에 밥, 아스파라거스, ③의 당근을 올리고 돌돌 만 후 한입
    크기로 썬다.

Tip   **견과류 페이스트 보관 및 활용하기**   남은 견과류 페이스트는 7일 정도 냉장
      보관 가능하다. 토스트 스프레드로 활용하거나 채 썬 당근과 무친 후 양상추,
      아보카도 등과 함께 샌드위치로 만들어 먹어도 좋다. 주말에 넉넉히 만들어 두
      면 하루는 김밥으로, 다음 날은 샌드위치로 이틀 치 도시락 메뉴를 손쉽게 해
      결할 수 있다.

3

들기름 우엉잡채
김밥

윤기가 좌르르 흐르는 짭조름한 잡채를 정말 좋아한다. 참기름이 모든 재료를 한데 휘감아 입에 착 달라붙는 그 맛이 참 좋다. 잡채를 도시락 메뉴로 먹고 싶은데 시간이 지나면 불거나 딱딱해지는 당면 때문에 고민하다, 우엉을 얇게 채 썰어 볶아낸 반찬에서 아이디어를 얻었다. 바로 우엉잡채! 이왕 당면 대신 우엉으로 잡채의 다른 노선을 탄 김에 참기름 대신 조금 투박해도 뚜렷한 개성을 드러내는 들기름으로 맛을 냈다. 우엉잡채만으로도 맛있는데 김밥에 더하니 이거 참 별미다 별미.

Ingredient

*우엉잡채 2~3회분

김밥용 김 1장
밥 1공기
들기름 1작은술
소금 1/3작은술
우엉 2대(200g)

〔모둠 채소〕 *대체 및 생략 가능
양파 1개
청피망 1개
빨강·노랑 파프리카 각 1/2개
당근 1/2개
표고버섯 4개(또는 다른 버섯 1줌)

〔양념〕
들기름 2큰술
다진 파 1대 분량
다진 마늘 1큰술
간장 2큰술
비정제 설탕 1작은술
통깨 1큰술

1   고슬고슬하게 지은 밥에 들기름(1작은술), 소금(1/3작은술)을 넣고 골고루 섞은 후 한 김 식힌다.

2   우엉은 면처럼 최대한 가늘게 채 썰고 색이 변하지 않도록 식초물에 담가둔다.

3   양파, 청피망, 파프리카, 당근, 표고버섯도 비슷한 두께로 가늘게 채 썬다.

    * 모둠 채소의 종류는 적당히 대체해도 된다.

4   팬에 들기름을 살짝 두르고 ③의 채소를 각각 소금 간 해 볶은 후 접시에 덜어둔다.

5   같은 팬에 양념 재료의 들기름, 다진 파, 다진 마늘을 넣고 향을 내다가 간장, 비정제 설탕을 넣어 살짝 끓인다. 끓인 양념에 채 썬 우엉을 넣고 맛이 배도록 충분히 볶는다.

6   불을 끄고 ⑤에 덜어둔 볶은 채소와 통깨를 넣어 골고루 섞는다. 맛을 보고 간장으로 부족한 간을 맞춘다.

7   김 위에 밥, 우엉잡채를 수북이 올려 돌돌 만 후 한입 크기로 썬다.

Tip   **우엉잡채 활용하기**   우엉잡채는 냉장 보관했다가 다시 데우지 않아도 맛이나 식감에 큰 변화가 없어 도시락 메뉴로 제격이다. 김밥 외에 잡채밥처럼 덮밥으로 즐기거나 밑반찬으로 활용해도 좋다.

4 소바
김밥

쌀겨와 쌀눈에 든 단백질까지 말끔하게 도정된 흰쌀밥은 영양가도 별로 없는 데다 살만 찌우는 것 같아 채식을 하고부터 밥만큼은 꼭 통곡물을 더해서 지어 먹고 있다. 같은 이유로 종종 김밥에 흰쌀밥 대신 삶은 메밀국수를 사용하곤 한다. 메밀은 쌀이나 밀보다 단백질 함량이 높고 비타민과 무기질, 필수 아미노산이 풍부하기 때문에 채식에서 부족하기 쉬운 영양소를 채워준다. 툭툭 끊어지는 거친 식감은 김과 꽤 잘 어울려 먹는 재미도 있다.

Ingredient

김밥용 김 1장
메밀국수 100g
부침용 두부 1/4모(75g)
소금 약간
오이 1/2개
빨강·주황 파프리카 1/2개
표고버섯 4개

〔단촛물〕
식초 1큰술
비정제 설탕 1/3큰술
소금 1/4작은술

〔표고버섯 양념〕
간장 1큰술
참기름 1/2큰술
조청 1작은술(또는 올리고당)

1   두부는 세로로 길게 4등분한 후 1조각을 준비한다. 다시 세로로
     반을 가르고 앞뒤로 소금을 뿌려 간이 배도록 잠시 둔다.

2   씨 부분을 제외한 오이와 파프리카는 가늘게 채 썬다.

3   표고버섯 양념 재료를 섞어두고, 표고버섯은 밑동을 떼어낸다.
     기름을 두른 팬에 통째로 넣고 볶다가 양념을 넣고 약한 불에서
     물기가 없을 때까지 졸인다.

4   두부는 키친타월로 물기를 제거한다. 기름을 두른 팬에 넣고 중
     간 불에서 뒤집어가며 네 면을 각각 노릇하게 굽는다.

5   메밀국수는 포장지에 적힌 방법대로 삶은 후 찬물에 박박 씻어
     헹군다. 물기를 제거한 후 단촛물과 섞는다.

     * 메밀국수는 미리 삶아두면 면끼리 서로 붙어 사용하기가 쉽지 않다. 모든
     속재료 준비를 마치고 가장 나중에 준비하는 것이 좋다.

6   김 위에 메밀국수를 가로 방향으로 촘촘히 펼쳐 올리고, 오이,
     파프리카, 두부, 표고버섯을 나란히 줄 맞춰 올린다. 돌돌 만 후
     한입 크기로 썬다.

Tip   **김을 이중으로 덧대기** 소바 김밥은 메밀면에서 수분이 배어 나와 김이 찢어
     지기 쉽다. 말아둔 김밥은 김에 수분이 배도록 잠시 두었다가 새 김을 꺼내 한
     번 더 말아주고 다시 얼마간 고정시키면 흐트러짐 없이 썰 수 있다. 김이 이중
     으로 말려 있어 이동 중에도 단단하게 모양을 유지할 수 있다.

5

템페마요
묵은지말이

인터넷 서핑을 하다가 우연히 묵은지로 돌돌 만 김밥을 마주하고는 그 비주얼이 며칠간 눈에 아른거렸다. 김 대신 묵은지 위에 밥을 퍼 올리고 참치마요를 얹어 돌돌 말아 낸 음식이었다. 사진만 봐도 군침이 돌아 채식 버전으로 만들어 먹겠다고 벼르다 템페마요를 생각해냈다. 몇 가지 레시피를 테스트해 보고 내 입맛에 맞는 템페마요를 완성하고는 여기저기 쓰임 많은 참치마요를 채식으로 즐길 수 있게 됐다며 정말 신이 났다. 이런 게 행복이지 싶을 정도로.

Ingredient

묵은지 3~4장
밥 1공기
들기름 1큰술
소금 1/3작은술

〔템페마요〕
템페 1/2개(100g)
오이 1/4개
양파 1/8개
비건 마요네즈 2큰술
디종 머스터드 1작은술
큐민가루 1/2작은술(생략 가능)
소금·후추 약간

1 고슬고슬하게 지은 밥에 들기름, 소금을 넣고 골고루 섞은 후 한 김 식힌다.

2 묵은지는 가로 폭이 충분히 넓은 잎으로 골라 흐르는 물에 깨끗이 씻고 물기를 꼭 짠다.

3 템페는 충분히 해동한 후 깍둑썬다. 끓는 물에 템페를 넣고 20분간 삶은 후 물기를 빼고 포크로 으깬다.

4 오이는 씨 부분을 제거하고 잘게 다진다. 양파도 잘게 다진다.

5 볼에 으깬 템페, 나머지 템페마요 재료를 넣고 섞는다. 큐민가루, 소금, 후추로 기호에 따라 간을 맞춘다.

6 묵은지는 한 장 한 장 넓게 펼친 후 서로 겹치도록 나란히 깐다. 위아래 공간을 남겨두고 밥을 얇게 펴 올린 후 ⑤의 템페마요를 듬뿍 올린다.

7 김밥 마는 법과 동일하게 묵은지가 한 번에 템페마요를 감쌀 수 있도록 주의하며 돌돌 만다. 한입 크기로 썬다.

Tip **큐민가루 활용하기** 큐민가루가 없다면 생략 가능하지만 템페 맛을 살려주는 요긴한 향신료라 구비해 두는 것을 추천한다. 특히 마요네즈가 들어간 음식에 큐민가루를 더하면 느끼함은 잡아주고 음식 맛을 한층 더 풍부하게 해준다.

템페마요 활용하기 템페마요는 참치마요가 들어가는 모든 요리에 이를 대체해 사용할 수 있다. 템페 한 덩이(200g)로 템페마요를 만들어 절반은 묵은지말이에 사용하고, 나머지는 냉장고에 보관했다가 다음날 주먹밥이나 샌드위치 속재료로 사용하면 좋다. 냉장고에서 2일간 보관 가능하다.

6

3색
계절 주먹밥

유난히 고된 하루가 있다. 일도 인간관계도 내 진심과는 다르게 어긋나
버린 것만 같은 날이. 풀이 죽어 축 처지거나 화가 가득 난 채로 집에
돌아온 이런 날엔 종종 주먹밥을 만들며 마음을 달래곤 한다. 재료 하
나하나 세심하게 다듬고 정갈하게 만들어야 하는 음식과 달리 주먹밥
은 손으로 꾹꾹 눌러주면 그만이니까. 제각각의 속재료가 한데 섞여 주
먹밥 모양이 만들어지면, 그새 모난 내 마음도 조금은 둥글어진 기분이
든다.

Ingredient

봄나물 주먹밥

밥 1공기

봄나물 150g

(참나물, 취나물 등)

표고버섯 1개

다진 견과류 2큰술

〔나물 양념〕

국간장 1큰술

참기름 1큰술

통깨 1/2큰술

다진 마늘 1작은술

여름 초당옥수수 주먹밥

초당옥수수 1개

쌀 2컵

물 2컵

겨울 우메보시 주먹밥

밥 1공기

우메보시 1알(염도에 따라 가감)

템페마요 적당량(46쪽 참고)

봄나물 주먹밥

1   소금을 넣어 물을 끓인 후 손질한 봄나물을 넣고 30초 이내로 살짝 데친다. 찬물에 헹궈 물기를 꼭 짠 후 1cm 길이로 잘게 썬다.

2   표고버섯은 잘게 다져 기름을 살짝 두른 팬에 노릇노릇하게 볶는다.

3   볼에 데친 봄나물, 볶은 표고버섯, 다진 견과류, 나물 양념을 넣고 골고루 무친다.

4   밥에 ③의 봄나물무침을 넣고 원하는 모양으로 뭉친다.

　　　* 레시피 분량대로 준비하면 주먹밥을 만들고 봄나물무침 양이 남아 두고두고 반찬으로 먹을 수 있다. 완성한 주먹밥은 양념을 발라 구웠을 때 간이 맞으니(55쪽 참고) 굽지 않을 경우 밥에 소금을 넣어 간을 맞춘다.

여름 초당옥수수 주먹밥

1   초당옥수수는 칼로 옥수수 대를 따라 쭉 긁어내 알갱이를 분리한다.

2   밥솥에 쌀, 옥수수 알갱이, 옥수수 대를 넣고 쌀과 동량의 물을 부어 밥을 짓는다.

　　　* 초당옥수수를 찜기에 8분 정도 따로 찐 후 사용해도 좋지만(찐 것 사용시 밥 1공기, 옥수수 1/2개 사용) 옥수수 대까지 넣고 밥을 지으면 초당옥수수의 단맛이 밥에 골고루 배어 훨씬 감칠맛이 좋다.

3   옥수수밥을 한 김 식힌 후 원하는 모양으로 뭉친다.

　　　* 완성한 주먹밥은 양념을 발라 구웠을 때 간이 맞으니(55쪽 참고) 굽지 않을 경우 밥에 소금을 넣어 간을 맞춘다.

How to make

겨울 우메보시 주먹밥

1   따뜻한 밥에 우메보시를 넣고 이리저리 굴려가며 씨를 분리
한다.

＊ 우메보시는 1알을 기준으로 간을 보면서 개수를 가감한다.

2   템페마요(46쪽 참고)를 적당량 준비한다. 보통 주먹밥 1개당 1작
은술 정도가 적당하다. 우메보시를 넣은 밥은 납작한 모양으로
만든 후 템페마요 1작은술을 얹고 다시 밥으로 덮어 뭉친다.

Tip   **주먹밥 굽기** 주먹밥에 간장 양념을 발라 앞뒤로 노릇하게 구우면 먹음직스
러운 색감에 누룽지 같은 식감이 더해져 색다른 맛으로 즐길 수 있다. 특히 주
먹밥을 구우면 식어도 맛이 좋고 굽는 과정에서 모양이 단단하게 잡혀 도시락
메뉴로 안성맞춤이다. 구울 때 주먹밥이 부스러질까 봐 걱정이라면 팬보다는
오븐 사용을 추천한다.

① 간장 1큰술, 참기름 1/2큰술을 섞어 주먹밥의 모든 면에 골고루 바른다.
② 달군 팬에 주먹밥을 올리고 중간 불에서 사방을 돌려가며 노릇하게 굽거
나 180℃로 예열한 오븐에서 15분간 굽는다.

7

채식 토핑
유부초밥

토핑을 산처럼 쌓아 올린 먹음직스러운 비주얼로 화제가 됐던 유부초밥집을 일부러 찾아갔다가 문앞에서 돌아 나온 적이 있다. 서른 가지가 족히 넘는 메뉴 중에 채식 옵션이 단 한 가지도 없었기 때문이다. 유부초밥을 특별히 좋아하지 않는데도 괜히 서운한 마음이 들어 돌아오는 길에 유부를 사서 직접 만들어 먹었다. 채식 토핑을 넘치도록 올려서 한 입 가득 베어 물었는데 왠지 통쾌한 맛이 느껴졌다.

Ingredient

사각 유부 3장
밥 1공기

〔단촛물〕
식초 1큰술
비정제 설탕 1/3큰술
소금 1/4작은술

〔낫또 토핑〕
낫또 50g
간장 1/2큰술
생 와사비 1/2작은술

〔묵은지 토핑〕
묵은지 2장
들기름 1작은술
비정제 설탕 1/2작은술
검은깨 약간

〔오이 토핑〕
오이 1/2개
소금 1/2작은술
비건 마요네즈 1큰술
후추 약간

1 단촛물 재료를 섞은 후 고슬고슬하게 지은 밥에 넣는다. 골고루 섞은 후 한 김 식힌다.

2 볼에 낫또 토핑 재료를 넣고 섞는다.

3 묵은지는 흐르는 물에 깨끗이 씻은 후 물기를 꼭 짠다. 잘게 다진 후 묵은지 토핑 재료와 섞는다.

4 오이는 모양대로 얇게 썰어 소금을 뿌려 20분 이상 절인 후 물기를 꼭 짠다.

5 절인 오이에 비건 마요네즈, 후추를 넣고 간을 맞춘다.

  * 만들어 둔 템페마요(46쪽 참고)가 있다면 1~2큰술 함께 섞어줘도 좋다.

6 사각 유부는 반으로 잘라 준비한다. 유부에 ①의 밥을 꾹꾹 눌러 담고 낫또, 묵은지, 오이를 각각 토핑한다.

  * 삼각 유부를 사용하면 똑바로 세워지지 않아 토핑을 수북하게 쌓아올리기 어려우니 사각 유부를 추천한다.

Tip   **도시락 용기 고르기**   토핑을 넉넉히 올린 유부초밥은 크기가 작은 도시락 용기에 남는 공간 없이 빽빽하게 끼워 넣어야 이동 중 흐트러짐을 최소화할 수 있다.

8

뿌리채소
강된장 쌈밥

쌈 싸 먹는 일은 불판에 지글지글 돼지고기를 구울 때나 어울린다고 생각했다. 하지만 고기를 끊고 나서도 쌈장 맛으로 쌈 싸 먹는 재미를 여전히 놓치지 않고 있다. 뿌리채소에, 버섯이며 두부며 재료를 듬뿍 넣어 영양면에서나 맛에서나 고기에 뒤처지지 않는 강된장을 만들어 두면 준비 완료. 호박잎이나 쌈 채소에 뜨끈한 밥과 강된장을 얹어 와구와구 먹으면 세상 행복한 맛이 난다. 고기가 들었네 안 들었네를 따지기 전에 한국 음식은 뭐니 뭐니 해도 장맛이 좋으면 게임 끝이다.

Ingredient

밥 1공기
호박잎 4~5장
부침용 두부 1/2모(150g)
참기름 1큰술

〔모둠 채소〕 * 대체 및 생략 가능
감자 1개
당근 1/2개
연근 1/4개(약 80g)
팽이버섯 1줌
양파 1/4개
대파 1대
마늘 1쪽

〔양념〕
된장 2큰술
고춧가루 1큰술
조청 1작은술(또는 올리고당)
물 1/2컵

1 모둠 채소는 잘게 다진다.

* 모둠 채소의 종류는 적당히 대체해도 된다.

2 두부는 면포나 체를 이용해 물기를 꼭 짠 후 손으로 으깬다.

3 두꺼운 냄비에 참기름을 두르고 다진 양파, 대파, 마늘을 먼저 넣어 볶아 향을 낸다.

4 ③의 냄비에 으깬 두부, 나머지 다진 채소를 넣고 함께 볶는다. 이때 채소는 단단한 것부터 넣고 버섯을 가장 마지막에 넣는다.

5 양념 재료의 된장, 고춧가루, 조청을 넣어 섞은 후 끓이다가 약한 불로 줄여 물(1/2컵)을 넣고 모든 재료가 익을 때까지 중간중간 저어가며 졸인다.

6 호박잎은 줄기 뒷면의 질긴 겉껍질을 벗겨내고 찜기에 올려 5분간 찐 후 한 김 식힌다.

7 호박잎 뒷면에 강된장과 밥을 올리고 동그랗게 오므린다.

Tip   **남은 강된장, 남은 채소 활용하기**   사용하고 남은 연근은 생으로 잘게 다진 후 강된장과 밥에 올려 덮밥으로 만들어 먹어도 맛있다. 이때 연근은 너무 잘게 다지기 보다 씹는 맛을 느낄 수 있도록 사방 1cm 정도의 크기로 썬다. 또한 남은 뿌리채소(당근, 연근)는 솥밥이나 곤드레나물밥을 지을 때 활용한 후(96쪽 참고) 강된장을 덮밥 소스처럼 듬뿍 곁들여도 좋다.

직장인이라는
부캐 내려놓기

바야흐로 '부캐(부캐릭터)'의 시대다. 하나의 정해진 캐릭터로 인생을 살기보다 제2, 제3의 자아를 만들어 전혀 다른 모습의 삶을 살아보려는 사람들이 부쩍 늘었다. 나 역시 '직장인'이라는 '부캐'를 갖고 있을 뿐, 스스로를 회사 다니는 사람으로만 정의하고 싶지 않았다. 여러 개의 부캐를 만들어 한 번뿐인 인생을 다채롭게 꾸려가고 싶었고, 무엇보다 정해진 역할에서 벗어나 인생의 중심축을 곳곳에 심어 두고 싶었다. 인생의 중심축을 복수로 마련해 두면 하나가 흔들리더라도 또 다른 중심축이 단단히 버텨주어 타격감이 훨씬 덜할 수밖에 없으니까.

이 책을 한창 준비하던 2021년 여름은 회사에서 새로운 역할을 맡아 갑자기 늘어난 업무와 책임감에 어쩔 줄 몰라 하던 시간이 많았다. 그 와중에도 책 작업은 이어가야 했기에 주말이면 쉴 새 없이 책에 실을 도시락 메뉴들을 하나하나 다시 만들어 보곤 했다. 레시피를 수정하고 촬영을 하다 일요일 늦은 밤이 돼서야 침대에 쓰러지듯 파묻혀 잠이 들었다. 지금 생각해 보면 무엇을 위해 고생을 하나 싶던 정신없는 주말이 있었기에, 유독 고단했던 회사 생활을 쉬이 넘겨 보낼 수 있지 않았나 싶다. 직장인이라는 자아가 외마디 비명을 지르는 상황에서 이제 막 작가라는 타이틀을 달고 채식 도시락 요리책을 준비하는 나의 또 다른 부캐가 중심을 잡아줬던 것이다.

인생은 내가 만든 여러 개의 자아가 살아내는 삶의 총합이며 각각의 자아가 꾸려가는 삶은 서로에게 든든한 힘이 되고 위로가 되어준다. 그러니 지금 어떠한 이유로든 많이 힘들다면 이 상황이 내 삶의 전부가 아님을 명심했으면 한다. 월급쟁이로 사는 삶이 때로 고단하고 자존감을 떨어뜨리더라도 나의 또 다른 부캐가 제 역할을 충실히 해 준다면 불안함 속에서도 일정 부분 안도할 수 있고 얼마간 추락한 자존감도 분명 회복할 수 있을 것이므로.

김밥 들고 소풍 가듯
출근하는 마음

어릴 때부터 김밥을 정말 좋아했고 지금도 가장 좋아하는 음식을 꼽으라면 주
저 없이 김밥을 고른다. 맛도 맛이지만 김밥이 주는 특유의 정서가 좋다. 소풍
이나 운동회가 있는 날이면 일어나자마자 김밥을 말고 있는 엄마 옆으로 쪼르
르 달려가 김밥 꽁다리를 입안 가득 넣고 오물오물하던 그런 기억들이 좋다.
커서는 생활비가 넉넉지 않은 대학생의 끼니로, 일에 치여 밥 먹을 여유가 없
는 직장인의 대충 때우는 식사로, 조금은 쓸쓸한 상황에서 김밥을 즐긴 적도
많지만 여전히 김밥 하면 따뜻한 느낌이 먼저 든다.

처음 채식 도시락을 싸던 시절에는 주로 김밥으로만 메뉴를 구성했었다. 밥에
한 가지 재료만 넣고 말아도 맛이 보장된다는 장점이 확실하니까. 무엇보다 김
밥 도시락을 들고 집을 나서는 날에는 어린 시절 기억이 떠올라 마음이 몽글몽
글해지면서 왠지 놀러 가는 것 같은 기분에 출근길 발걸음이 가볍기까지 하다.
가끔 날이 좋을 때면 점심시간에 김밥 도시락을 들고 소풍이라도 가듯 회사 근
처 작은 공원이나 옥상 정원을 찾는다. 갑갑한 사무실에서 벗어나, 북적대는
회사 식당가를 피해, 파란 하늘이 보이는 곳에 자리를 펴고 앉아 도시락 까먹
는 호사를 누리고 있자면 행복감이 밀려온다.

나 하나 채식한다고
뭐가 달라지는데?

채식을 한다고 말하면 '도대체 왜 하는가'란 질문이 늘 따라붙는다. 채식인마다 다양한 이유가 있겠지만 보통은 환경, 건강, 동물권, 이 세 가지 이유를 들곤 한다. 이 중 어디에 가장 큰 가치를 두느냐는 사람마다 다르고 한 사람에게서도 특정 시기에 따라 무게를 두는 가치가 달라지기도 한다. 나의 경우 환경과 동물권, 이 두 가지가 채식 생활을 유지하는 가장 큰 이유다. 그래서 '도대체 왜'라고 물으면 '육식으로 인한 환경 파괴의 심각성을 깨닫고 시작했는데, 이제는 환경 문제를 차치하더라도 동물권 때문에 육식하는 일이 불편하게 됐다'고 답한다. 그럼 이따금 '적어도 건강 때문이라면 이해하겠는데, 환경이나 동물권 보호 목적의 채식은 별로 소용이 없다'라는 충고인지 비난인지 모를 애매한 방향으로 대화가 흘러가는 경우가 있다.

물론 나 한 사람의 채식으로 갑자기 탄소 배출량이 줄고 사람들에 의해 무참히 희생당하던 동물들이 갑자기 살만한 세상이 되진 않을 것이다. 갑작스러운 변화가 당장에 일어나지 않을지라도 개개인의 변화는 분명 힘이 있다고 믿는다. 나의 채식으로 누군가 한 번쯤은 환경이니 동물권이니 재미없고 불편하기만 한 문제를 다시 생각해 보게 될 수도 있고, 그러다 차츰 관심이 커질 수도 있으며, 어쩌면 작은 행동으로 이어질 수도 있다. 채식을 시작하면서 여러 번 무릎을 치며 읽었던 책 〈아무튼, 비건〉에 이런 문장이 나온다. '채식은 한 개인이 가장 큰 파급효과를 줄 수 있는 라이프 스타일'이라고.

Chapter. 2

든든한 한 끼,

덮밥
·
볶음밥
·
솥밥

도시락 한 통 덜렁 들고 와 점심을 먹겠다고 하면 '그거 갖고 되겠냐'는 질문을 너도나도 던진다. 물론 국이며 반찬이며 한 상 차려 먹는 집밥이나 식당밥에 비해 단출해 보일 수 있겠지만, 영양소까지 꼼꼼히 따져가며 건강한 재료로 직접 만든 도시락보다 든든한 한 끼가 있을까? 일과 씨름하고 사람에게 치이는 직장 생활에서 점심시간만큼은 속도 든든히 채우고 마음도 편안히 챙겨보자고 시작한 채식 도시락 루틴. 그 다짐에 꼭 맞는 한 그릇 밥 메뉴들을 골라 소개한다.

1

사과 단호박
커리

채식을 처음 시작할 때만 해도 국내에 채식 레시피가 흔하지 않아 주로
해외 사이트를 찾아보곤 했다. 그대로 따라 하기에는 재료를 구하기가
어려워서 손쉽게 구할 수 있는 재료들로 대체하고, 낯선 향신료들은 차
근차근 모아가며 수차례의 테스트를 해봤다. 그렇게 처음으로 나만의
채식 레시피를 완성한 것이 바로 사과 단호박 커리다. 재료 본연의 달
큰한 맛에 개성 있는 향신료들이 한데 어우러진 이 커리를 처음 만들어
먹고는 채식이 이런 거라면 평생 해볼 만하겠다고 생각했다.

Ingredient

*4회분

밥 1공기
팥 75g
양파 1개
사과 2개
감자 2개
고구마 1개
단호박 200g
마늘 3쪽
코코넛오일 1과 1/2큰술
고수 또는 삶은 완두콩 적당량
(토핑용, 생략 가능)

〔커리 소스〕
가람마살라 2작은술
커리파우더 3작은술
코코넛밀크 2/3컵
물 1과 1/2컵
땅콩버터 1큰술
소금 1/2작은술

1	팥은 깨끗이 씻어 팥 양의 3배 정도의 물을 붓고 압력솥에 15분 간 삶는다. 또는 전기밥솥의 잡곡 코스로 익힌다.

	* 일반 냄비로 삶을 경우 반나절 이상 미리 불려둬야 한다. 팥 대신 강낭콩, 병아리콩을 넣어도 맛있고 시간이 없다면 생략해도 된다.

2	양파, 사과, 감자, 고구마, 단호박은 사방 1cm 크기로 썬다. 마 늘은 잘게 다진다.

	* 감자, 고구마, 단호박을 모두 준비하기 번거롭다면 한두 가지 재료로 대체 하고 전체 분량만 맞춰준다(약 400~500g).

3	두꺼운 냄비에 코코넛오일을 두른 후 양파를 넣고 갈색빛이 돌 때까지 중간 불에서 천천히 볶는다.

4	볶은 양파에 다진 마늘을 넣고 1분 정도 볶다가 커리 소스 재료 의 가람마살라, 커리파우더를 넣고 1분 정도 더 볶는다.

5	손질한 채소를 ④의 냄비에 전부 넣어 골고루 섞은 후 코코넛밀 크와 물을 넣고 뒤적여준다.

6	땅콩버터, 소금을 넣고 센 불로 올린다. 끓기 시작하면 중약 불 로 줄여 20분 정도 더 익힌 후 삶은 팥을 넣고 섞는다.

7	기호에 따라 고수, 완두콩 등을 토핑한다. 밥과 함께 도시락 통 에 담는다.

Tip	**넉넉히 만들어 보관하기** 넉넉히 만들어야 맛이 나는 음식들이 있는데 이 커 리가 그렇다. 4회분 레시피대로 넉넉히 만들어 냉장고에 보관해 뒀다 먹으면 각종 재료와 향신료가 고루 어우러져 더 깊은 맛이 난다. 일반 카레와 달리 차 가운 상태일 때 데우지 않고 그대로 먹는 것도 맛있다. 별도의 조리 없이 먹을 수 있어 도시락 메뉴로 제격이다.

2

템페
짜장밥

채식 도시락을 준비할 때 가장 큰 조력자는 바로 냉동실에 쟁여놓은 템페다. 한 덩어리만 먹어도 하루에 필요한 단백질 기준치의 70%는 섭취할 수 있기 때문에 영양소를 따져가며 이 재료 저 재료 꺼내들 필요가 없다. 구운 템페는 든든한 주재료, 때론 곁들임 토핑으로 알맞은 역할을 해 주기에 도시락 메뉴 고민을 하다가도 템페 하나만 손에 쥐면 그 다음부터는 일사천리다. 템페 외에 이렇다 할 재료가 없어도 짜장밥이 뚝딱 만들어지는 것처럼.

Ingredient

밥 1공기
템페 200g
양파 1개
감자 1개
양배추 1/4통

〔짜장 소스〕
춘장 4큰술
간장 1큰술
조청 1큰술(또는 올리고당)
물 1컵
녹말물
(감자전분 1큰술 + 물 1/2컵)

1   템페, 양파, 감자, 양배추는 한입 크기로 깍둑썬다.

2   기름을 넉넉히 두른 팬에 템페를 넣고 튀기듯 구운 후 덜어둔다. 같은 팬에 양파를 넣고 갈색빛이 돌 때까지 충분히 볶는다.

3   볶은 양파에 춘장, 간장, 조청을 추가해 소스를 만들고, 감자를 더해 볶다가 양배추를 넣고 숨이 죽을 정도로만 볶는다.

     ＊ 시판 춘장은 어느 정도 간이 되어 있기 때문에, 싱겁게 먹는 편이라면 간장과 조청을 생략하고 춘장만 넣어줘도 좋다.

4   물(1컵)을 붓고 센 불로 올린 후 뚜껑을 덮어 끓인다.

5   짜장 소스가 팔팔 끓기 시작하면 불을 줄여 10분 정도 더 끓인다. 녹말물을 조금씩 넣어가며 걸쭉하게 농도를 맞춘다.

6   구운 템페를 넣고 골고루 섞는다. 밥과 함께 도시락 통에 담는다.

     ＊ 녹말물은 사용하기 직전에 골고루 섞어준다.

3

된장 소스
가지 덮밥

새로운 계절을 맞이할 때마다 제철 채소는 빠뜨리지 않고 장바구니에
가장 먼저 담는다. 요즘엔 사시사철 언제든 만날 수 있는 채소가 많다
지만 그 어느 때보다 맛있게 먹을 수 있다는 제철에 챙겨 먹는 일은 왠
지 남는 장사 같다. 그런 이유에서 좀 더워진다 싶으면 여름 가지 한 봉
지를 가득 사온다. 구워도 먹고, 쪄서도 먹고, 튀겨도 먹고, 무쳐서도
먹는데 질릴 틈이 없다. 그중 가장 좋아하는 메뉴는 바로 된장 소스로
만든 가지 덮밥!

Ingredient

밥 1공기   〔된장 소스〕
템페 1/2개(100g)   된장 1큰술
가지 1개   다시마 우린 물 1/2컵
홍고추 1개   (또는 생수)
다진 마늘 1작은술   비정제 설탕 1작은술
후추 약간   간장 1/2작은술
통깨 1큰술   청주 1/2작은술
다진 쪽파 1큰술
참기름 1작은술

1   볼에 된장 소스 재료를 섞는다.

2   가지는 세로로 길게 2등분하고 2cm 두께로 어슷 썬다. 홍고추
      는 얇게 어슷 썬다.

3   템페를 충분히 해동한 후 포크로 으깬다.

4   기름을 두른 팬에 가지를 넣고 센 불에서 빠르게 볶다가, 된장
      소스 3~4큰술을 넣어 가지에 양념이 고르게 배도록 섞는다.

5   으깬 템페, 홍고추, 다진 마늘, 후추를 넣고 볶다가 된장 소스
      3~4큰술을 넣어 섞고 약한 불에서 뚜껑을 덮고 2분간 익힌다.

6   부족한 간은 남은 된장 소스로 조절하고, 마지막에 통깨, 다진
      쪽파, 참기름을 넣는다. 밥과 함께 도시락 통에 담는다.

      ＊ 된장마다 염도가 다르기 때문에 된장 소스는 한 번에 많이 넣지 말고 중간
      중간 간을 보면서 가감한다.

4

톳조림
볶음밥

김, 파래, 미역, 다시마 같은 해조류는 음식을 가려 먹는 채식인들에게 특히 귀한 식재료다. 단백질, 아미노산, 비타민 B12를 비롯해 칼슘, 칼륨, 철분, 식이섬유 등 몸에 이로운 영양소를 충분히 섭취할 수 있게 도와준다. 무침이나 부각을 만들어 반찬으로 먹어도 맛있고, 짭조름한 톳조림 볶음밥으로 영양 가득 도시락을 준비해도 좋다. 가까이 두고 부지런히 챙겨 먹는 식재료 중 하나.

Ingredient

찬밥 1공기
생 톳 2컵(또는 쪄서 말린 톳 1/2컵)
표고버섯 3개
(말린 것 또는 생 것)
당근 1/2개

〔양념〕
간장 2큰술
조청 1큰술(또는 올리고당)
표고버섯 불린 물 2/3컵
(또는 생수)
통깨 1큰술

How to make

1   생 톳은 깨끗이 씻어 물기를 빼고 한입 크기로 자른다.

    * 겨울 제철 생 톳을 쓰는 게 가장 맛있지만, 손질이 번거롭거나 구하기 어렵
    다면 말린 톳을 물에 불려 사용해도 된다. 흐르는 물에 씻기만 해도 먹기 좋은
    크기로 불어나는 쪄서 말린 톳 제품도 있다.

2   표고버섯, 당근은 가늘게 채 썬다.

    * 수분에 약한 표고버섯은 냉장고에 두면 금세 곰팡이가 피니 웬만하면 말려
    보관하는 것을 추천한다. 햇볕에 말리면 맛과 향이 깊어지고 식감도 더 쫄깃하
    다. 말린 표고버섯은 물에 담가 30분 정도 불린 후 사용한다.

3   기름을 두른 팬에 톳을 넣고 볶다가 채 썬 당근, 버섯을 순서대
    로 넣고 충분히 볶는다.

4   ③에 양념 재료의 간장, 조청, 표고버섯 불린 물을 넣고 센 불에
    서 한번 끓인 후 약한 불로 줄여 물기가 없어질 때까지 졸인다.

5   찬밥 1공기를 넣고 볶은 후 통깨를 넣는다.

Tip   **남은 톳 활용하기** 톳은 맛이나 영양 측면에서 두부와 잘 어울려 같이 무쳐 먹
      으면 좋다. 오독오독 씹히는 톳과 부드럽게 뭉개지는 두부의 상반된 식감의 조
      화는 말할 것도 없고, 두부에는 톳에 부족한 필수아미노산 중 하나인 리신이
      풍부해 함께 조리하면 영양 밸런스도 좋다(151쪽 참고).

5

얼린 두부
시금치 덮밥

요리 좀 한다는 분들이 TV에 나와 얼린 두부로 요리하는 걸 보고 처음
엔 멀쩡한 두부를 대체 왜 얼려 먹지 싶었다. 그러다 두부를 얼려 물기
를 꼭 짜내면 구멍이 숭숭 뚫린 스펀지처럼 되어 어떤 양념이고 쏙쏙
흡수해서 맛이 배가된다는 말을 듣고는 무릎을 쳤다. 그냥 먹어도 맛있
는데 간이 쏙 밴 두부 요리라니 얼마나 맛있겠냐며 그날부터 두부는 꼭
2개를 사서 하나는 바로 먹고 하나는 얼려두었다가 매콤하게 혹은 짭
조름하게 양념해 먹고 있다. 얼린 두부를 활용한 간장 양념 쏙 밴 시금
치 덮밥도 애정하는 메뉴 중 하나!

Ingredient

밥 1공기	〔양념〕
얼린 두부 1모(얼리기 전 300g)	간장 2큰술
시금치 2줌	조청 1큰술(또는 올리고당)
표고버섯 3~4개	다진 마늘 1/2큰술
마늘 3쪽	물 3큰술
	참기름 1큰술

How to make

1   얼린 두부는 완전히 해동하여 물기를 제거한 후 손으로 곱게 으깬다.

> * 얼린 두부는 완전히 해동해야 물기를 쪽 뺄 수 있다. 용기 그대로 찬물에 담가 반나절 정도 실온에서 자연해동한다. 급할 땐 전자레인지의 해동 기능을 이용해도 된다.

2   시금치는 밑동을 제거하고 적당한 크기로 찢는다. 표고버섯과 마늘은 얇게 편 썬다. 작은 볼에 양념 재료를 섞는다.

3   기름을 두른 팬에 마늘을 먼저 넣고 볶아 향을 낸 후 표고버섯과 두부를 순서대로 넣고 볶는다.

4   어느 정도 익었다면 양념 2/3 분량을 넣고 볶다가 간을 보며 양념을 추가한다.

5   두부에 충분히 간이 배면 약한 불로 줄이고 시금치를 넣어 숨이 살짝 죽을 때까지 볶은 후 참기름을 넣는다. 밥과 함께 도시락통에 담는다.

Tip   **얼린 두부의 장점**   두부는 칼로리가 낮고 단백질 함량은 높아 채식인뿐만 아니라 다이어터들에게도 사랑받는 음식이다. 이러한 장점을 가진 두부는 얼린 후 해동해 수분을 제거하면, 같은 중량의 일반 두부를 먹을 때보다 훨씬 많은 양의 단백질을 섭취할 수 있다.

6

토마토 고추장
리소토

통조림 홀토마토를 이용해 간단하게 만드는 토마토 고추장 떡볶이를 아주 좋아한다. 토마토와 고추장의 절묘한 조합에 들기름 한 큰술을 휘휘 둘러 먹으면 정말 맛있다. 이 레시피가 담긴 SNS 게시글의 스크랩 수가 제일 많다는 사실에 역시 다들 맛있는 건 알아보는구나 생각했다. 도시락으로 싸 가고 싶은 마음도 굴뚝같았지만 불거나 딱딱해지는 떡 때문에 포기하고 아쉬운대로 찬밥 한 공기를 넣어봤는데 그 맛이 또 신세계다. 중독성 강한 맛은 그대로인데 마치 이탈리안 레스토랑에서 팔 것 같은 고급스러운 느낌도 나는 게 아닌가. 매콤한 토마토 소스 베이스의 리소토! 자신 있게 추천하고 싶다.

Ingredient

찬밥 1공기
양파 1개
버섯 2줌(느타리, 팽이버섯 등)
다진 쪽파 2큰술
들기름 1큰술
통깨 1큰술

〔**토마토 소스**〕
방울토마토 10개
통조림 홀토마토 1캔
고추장 1큰술
고춧가루 1작은술

1   양파는 깍둑썰고, 버섯은 양파와 비슷한 길이로 채 썰거나 손으로 찢어서 준비한다.

2   두꺼운 냄비에 기름을 두르고 양파를 넣어 갈색빛이 돌 때까지 충분히 볶다가 버섯을 넣고 마저 볶는다.

    ✳ 중약 불에서 충분히 볶아야 은은한 단맛이 올라와 더 맛있다.

3   토마토 소스 재료의 홀토마토, 고추장, 고춧가루를 더해 보글보글 끓인다.

4   찬밥 1공기를 넣고 섞는다.

5   밥이 어느 정도 풀어지면 방울토마토를 넣고 뒤적여가며 섞는다.

6   다진 쪽파, 들기름, 통깨를 넣고 마무리한다.

Tip   **떡볶이로 즐기기**   레시피에서 찬밥 대신 떡 250g을 넣어주면 떡볶이로 즐길 수 있다. 리소토 레시피대로 버섯을 넣어도 좋지만 버섯 대신 양배추 1/8통 정도를 양파와 동일하게 깍둑썰어 넣는 것을 추천한다.

#7

곤드레나물밥과
강된장

한식은 만드는 사람의 수고로움이 웬만해선 잘 표가 나지 않는다. 곤드레나물밥이 딱 그렇다. 그저 나물 넣어 밥을 짓고 양념장에 비벼 먹는 간단한 음식이라 생각했다. 그러다 한 번은 직접 곤드레나물을 뜯어와 한 장 한 장 펴서 말려본 일이 있는데, 쉬이 먹던 곤드레나물밥이 이렇게나 손이 많이 가는구나 새로이 깨달았다. 보이진 않지만 재료 하나하나를 키우고 가꾼 정성을 음미하며 먹다 보면 맛없을 음식이 없다. 담백한 곤드레나물밥에 강된장을 비벼 먹을 때마다 괜히 감사한 마음이 들면서 힘을 듬뿍 얻는다.

Ingredient

* 2회분

말린 곤드레나물 2줌
쌀 1컵
물 1컵
들기름 2큰술
국간장 2/3큰술
강된장 적당량(60쪽 참고)
연근 1/4개(생략 가능)

1   말린 곤드레나물은 넉넉한 양의 물에 담가 반나절 이상 충분히
     불린다.

2   쌀은 깨끗이 씻어 동량의 물과 함께 밥솥에 넣고 20~30분간 불
     린다.

3   팔팔 끓는 물에 곤드레나물을 넣고 줄기가 부드럽게 꺾일 때까
     지 30분 이상 삶는다.

4   삶은 곤드레나물은 물기를 빼고 한입 크기로 자른 후 볼에 담는
     다. 들기름, 국간장을 넣어 조물조물 무친다.

5   ②의 밥솥에 밑간한 곤드레나물을 올려 밥을 짓는다.

6   뿌리채소 강된장(60쪽 참고)에 생 연근을 큼직하게 다져 넣은 후
     곤드레나물밥에 곁들인다.

* 밥에 곁들여 먹는 강된장의 경우 쌈밥용과 다르게 재료들을 너무 잘게 다
지지 않아야 식감을 살릴 수 있어 좋다. 또는 생 연근을 따로 준비해 큼직하게
다져 추가하면 아삭아삭한 식감의 색다른 강된장을 즐길 수 있다.

8

버섯
누룽지탕

보통은 회사 냉장고에서 바로 꺼내 먹어도 혹은 식어도 맛이 좋은 메뉴
들로 도시락을 준비하지만, 가끔은 김이 모락모락 나는 따끈한 국물이
생각날 때가 있다. 특히 날씨가 추워지면 아침에 조금 부지런을 떨어서
라도 전날 만들어둔 음식을 한 번 더 팔팔 끓여내 보온 도시락 통에 담
아 가는데, 밖에서도 집밥 같은 느낌을 즐길 수 있어 참 좋다. 그럴 때
애용하는 메뉴가 바로 이 버섯 누룽지탕이다.

Ingredient

*2회분

버섯 3줌(표고, 느타리 등)
누룽지 2컵
물 적당량
청경채 적당량

〔향신 기름〕
고추기름 1큰술(또는 식용유)
다진 마늘 1큰술
다진 파 1큰술

〔양념〕
두반장 3큰술
비정제 설탕 1/2큰술
후추 약간
녹말물(감자전분 1큰술 + 물 1/2컵)
참기름 1큰술

1   버섯은 먹기 좋은 크기로 손으로 찢거나 칼로 채 썬다.

2   달군 팬에 고추기름을 두르고 다진 마늘과 다진 파를 넣고 향을 낸 후 버섯을 넣어 볶는다.

    *   고추기름이 없다면 일반 식물성 오일을 사용해도 된다. 단, 과정 ④에서 양념을 넣고 끓일 때 고춧가루 1큰술을 추가한다.

3   누룽지를 넣은 후 모든 재료가 완전히 잠길 만큼의 물을 붓는다.

4   양념 재료의 두반장, 비정제 설탕, 후추를 넣고 누룽지가 익을 때까지 중간 불에서 충분히 끓인다. 국물이 졸아들면 물을 조금씩 더해가며 끓인다.

5   누룽지가 다 익으면 녹말물을 넣어 농도를 맞춘다.

    *   녹말물은 사용하기 직전에 골고루 섞어준다.

6   청경채를 넣어 가볍게 섞은 후 참기름을 두른다.

Tip   **더 맛있게 즐기기**   버섯 누룽지탕은 레시피대로 2회 분량으로 넉넉히 만들어야 버섯의 깊은 맛이 올라와 더 맛있다. 전날 미리 만들어 둘 경우에는 과정 ④에서 양념을 넣고 한번 가볍게 끓여내는 과정까지만 진행한다. 다음날 출근하기 전에 팔팔 끓인 후(필요 시 물 1/3컵 정도를 보충) 녹말물로 농도를 맞추고 청경채, 참기름을 추가해 도시락 통에 담는다.

회사 생활에 쉼표 찍기,
식사 명상법

점심 도시락을 챙겨온 날이면 가끔 식사 명상을 시도해 보곤 한다. 명상은 일상에서 한 걸음 물러나 엉클어진 마음을 정리하는 쉼의 시간으로 대단한 명상가나 오랜 수련가가 아니라도 누구나 할 수 있다. 특히 눈앞에 닥친 일이 전부인 것처럼 과몰입하며 일희일비하기 쉬운 직장인들에게 점심시간을 이용한 명상은 폭주하는 나를 잠시 멈춰 세우는 진정한 '쉼표' 역할을 해 준다.

그런데 막상 명상을 하자고 하면 흔히들 '집중하기 어렵다', '잡생각을 끊어내기가 쉽지 않다' 등의 어려움을 토로한다. 실제로 온전한 집중이란 게 쉬운 일은 아니라 가부좌를 틀고 앉아 '자, 명상합시다' 하며 시작하는 것보다는 식사 명상처럼 반복적으로 일어나는 움직임 안에서 고요히 집중해 보는 것부터 시도해 보면 좋다.

내가 자주 하는 식사 명상법은 이러하다. 우선 조용한 회의실에 자리를 잡고 준비한 도시락 메뉴를 크게 한입 떠서 입안으로 들어온 모든 맛들을 느껴본다. 첫 입엔 분명 짠맛이었는데 꼭꼭 씹다 보면 은은하게 올라오는 단맛이 느껴지기도 하고, 식감이 거친 현미밥도 공들여 한 톨 한 톨 씹다 보면 어느새 자취를 감추고 사라진다. 그렇게 처음 몇 숟가락은 평소와 다른 식사법에 적응하느라 잡념이 떠오를 새가 없지만, 이내 반복되는 작업에 익숙해지고 슬몃 시시해지기 시작하는 순간이 오면 또 이런저런 생각들이 스멀스멀 밀려온다. 그럴 때면 주위 소리에 귀를 가져가 본다. 들려오는 소리들을 하나씩 좇다 보면 다시 식사하는 행위 자체로 돌아와 집중하는 데 도움이 된다. 제대로 된 명상을 했느냐 못 했느냐는 중요하지 않다. 그저 먹는 일일뿐이지만 바로 그 한 가지 일에 온전히 집중한 시간은 어느 정도 마음을 정돈하는 데 도움이 된다. 그리고 다시 업무의 현장으로 돌아왔을 때 일을 대하는 나의 태도가 오전에 비해 확실히 담백해져 있음을 느낀다.

자연의 변화와
같은 궤를 그리며 사는 삶

채소나 과일은 1년 내내 언제든지 먹을 수 있는 육고기와 달리 약속한 계절에만 먹을 수 있거나 제철이 돼야 비로소 온전한 제맛을 느낄 수 있다. 그렇기에 두릅이며 냉이며 각종 봄나물들이 시장에 나오면 마치 한정판 아이템이라도 본 것 마냥 이때다 싶어 부지런히 사다 먹는다. 그러다 날이 점점 더워지면 포슬포슬한 햇감자, 샛노란 초당옥수수, 달콤한 밤호박을 입에 달고 살고, 선선해지기 시작하면 고구마를 종류별로 쟁여두곤 한다. 채식하면 먹을 게 풀때기밖에 없지 않냐며 얕잡아 보는 사람들은 절대 알 수 없는 계절의 맛이다.

제철 음식을 가까이하기 시작하면 대수롭지 않게 지나쳤던 계절의 변화가 확실히 다르게 느껴진다. 내 혀끝에, 내 코끝에 계절의 기억이 선명하게 남아 지나온 계절을 보내고 새로운 계절을 기다리는 것이 대수로운 일이 됐다. 봄에는 산두릅을 사다가 데쳐도 먹고 튀겨도 먹어 줘야 봄의 한가운데를 지나고 있다는 느낌이 선명해지는데, 그렇게 한 차례의 봄을 보내고 이듬해 봄이 다가오면 다시 산두릅을 맛볼 수 있다는 설렘이 계절에 앞서 찾아온다. 계절을 기다려가며 제철 음식을 찾아 먹는 일은 내 삶의 사이클이 자연의 변화와 같은 궤를 그리며 돌아간다는 안정감을 준다. 그리고 자연이 허락하는 만큼의 삶을 살고 있다는 작은 안도감을 주기도 한다. 부지불식중에 일어났을 나라는 존재의 유해함을 조금은 덜어내기라도 하듯이.

You are what you eat!

'내가 무엇을 먹는지가 나를 만든다'는 이 말은 오래전부터 흔하게 들어온 말인데, 채식을 하고부터는 좀 다른 의미로 다가온다. 예전에는 그저 몸에 해로운 음식을 줄이고 이로운 음식들을 챙겨 먹어야 건강해진다는 말로 받아들였다. 뭐든 가리지 않고 먹던 그 시절에는 '참 좋은 말인데 말처럼 실천하기가 어디 쉽냐'며 그저 흘려듣기도 했다. 채식을 결심하고 이 글귀를 다시 마주하니 단순히 내 한 몸 건강하자는 의미 이상의 진리를 담고 있다는 생각이 들었다. '무엇을 먹는지' 뿐만 아니라 '무엇을 먹지 않기로 선택했는지'가 나라는 사람을 만든다는 것을. 먹을 것에 대한 의지와 신념이 투영된 선택이 내 삶의 방향을 잡아준다는 것을.

물론 먹는 게 남는 거고 다 먹고살자고 하는 일이다. 한 번 사는 인생인데 이것저것 따지고, 먹고 싶은 걸 참고 사는 것만큼 불행한 일도 없다는 생각에 동의한다. 그렇다 하더라도 혀끝을 맴돌다 지나가는 찰나의 즐거움을 줄이고 택한 내 결정이 살아 숨쉬는 모든 생명체를 향해 있다는 사실은 먹는 행위로는 채울 수 없는 또 다른 만족감을 준다. 이를 몇몇 사람에게라도 꼭 알리고 싶다. 적어도 나는 채식을 하고 육식을 멀리하며 나라는 사람의 정체성을 좀 더 단단하게 다져가고 있고, 이런 선택을 한 자신이 전보다 훨씬 좋아졌다고. 스스로를 더 사랑하게 되었다는 것, 이것보다 더한 축복이 있을까. 그러니 다시 한번 되뇌어 볼 일이다. 'You are what you eat!'

Chapter. 5

간편한 별미,

샌드위치
·
샐러드

봄이나 가을처럼 춥지도 덥지도 않고 매일의 풍경이 아름다운 계절이 오면 사무실에 꼼짝달싹 못하고 갇혀있는 게 그렇게 좀이 쑤실 수가 없다. 이런 날에는 종종 피크닉 느낌 물씬 나는 샌드위치나 샐러드로 도시락을 준비해 점심시간에 근처 공원이나 옥상 정원을 찾는다. 탁 트인 곳의 풍경을 바라보고 있노라면 60분 남짓의 식사 시간이 아쉽지 않을 만큼 충분한 만족감이 충전되는 기분이다.

1

치아바타 후무스
샌드위치

후무스는 고단백, 저지방에 칼슘과 식이섬유가 풍부해 완전식품이라 불리는 병아리콩을 갈아 만든 스프레드 소스이다. 재료만 놓고 보면 왠지 호불호 갈리는 건강한 맛이 날 것 같지만, 굉장히 다채롭고 이국적인 풍미가 입맛을 돋워줘 한국에서도 제법 대중적인 음식이 됐다. 어떤 재료와도 잘 어울려 빵, 크래커, 샐러드 채소 등에 곁들이곤 하는데, 개인적으로 오이와의 조합을 좋아한다. 개운하면서도 고소한 게 안 먹어본 사람은 있어도 한 번만 먹어본 사람은 없을 것 같은 맛이 난다.

Ingredient

치아바타 1개
오이 1개
후무스 적당량
씨겨자 2작은술

〔후무스〕 * 4~6회분
병아리콩 1컵(불린 병아리콩 2컵)
마늘 2쪽
고수 15g
타히니 3큰술(또는 참깨 간 것)
올리브유 3큰술
레몬즙 1개 분량
물 2큰술(원하는 농도에 맞게 가감)
화이트와인 식초 1큰술(또는 식초)
소금 1/2작은술
큐민가루 1/2작은술

1 병아리콩은 반나절 이상 불려 준비한다. 냄비에 콩의 2배 분량
의 물, 소금(1작은술)을 넣고 센 불에서 끓기 시작하면 약한 불로
줄여 20분 정도 삶는다. 손으로 눌렀을 때 부드럽게 뭉개질 때
까지 삶는다.

* 압력솥을 이용하면 삶는 시간을 단축할 수 있다. 추가 올라가기 시작하면
약한 불로 줄여 5분간 끓이다가 불을 끄고 추가 내려갈 때까지 뜸을 들인다.

2 삶은 병아리콩은 한 김 식혀 나머지 후무스 재료들과 함께 믹서
또는 핸드블렌더로 간다. 거칠게 혹은 곱게 원하는 식감에 맞게
가는 정도를 조절한다.

3 오이는 필러로 얇고 길게 저민다.

4 치아바타를 반으로 가르고 안쪽 면에 씨겨자를 펴 바른다. 한쪽
면에 후무스를 두툼하게 올리고 그 위에 얇게 저며낸 오이를 층
층이 쌓는다.

5 나머지 치아바타로 덮는다.

Tip **치아바타 고르기** 치아바타는 우유, 달걀, 버터 등 동물성 재료가 들어있지 않
은 종류의 빵이라 비건 샌드위치를 만들 때 마음 놓고 사용할 수 있다. 입맛에
따라 통밀 치아바타나 감자, 시금치, 올리브, 마늘 등 다양한 식물성 재료가 추
가된 치아바타를 선택해도 좋다.

#2

으깬 감자
사과 샌드위치

워낙 밥심에 기대는 편이라 샌드위치 하나로는 왠지 덜먹은 느낌이 들
때가 있다. 그래서 샌드위치를 만들 때는 속재료를 꽉꽉 채워 보기만
해도 배부르게 완성하곤 한다. 포만감을 주는 감자는 가득 넣을 수 있
게 으깨어 준비하고, 아삭한 식감을 위해 잎채소에 양배추도 추가하고,
사과를 층층이 쌓아 올려 은은한 단맛을 더한다. 너무 많지 않나 싶을
정도로 채워 넣고 야무지게 입안 가득 베어 물면 밥심 아닌 빵심으로도
하루를 힘차게 보낼 수 있다.

Ingredient

비건 통밀 식빵 2장	〔으깬 감자 스프레드〕
으깬 감자 스프레드 적당량	삶은 감자 2개
사과 1개	올리브 7~8개(생략 가능)
양배추 1/8통	비건 마요네즈 2큰술
잎채소 적당량(버터헤드레터스,	씨겨자 1작은술
양상추, 케일, 시금치 등)	후추 약간
비건 마요네즈 1작은술	
씨겨자 1작은술	

1   스프레드 재료의 감자는 삶거나 찐 후 뜨거울 때 껍질을 벗겨 으깬다.

2   올리브는 잘게 다진다.

3   볼에 으깬 감자, 다진 올리브, 나머지 스프레드 재료를 넣어 섞는다.

         * 소금에 절여 물기를 꼭 짜낸 양파와 오이를 섞어줘도 좋다.

4   사과는 반으로 갈라 씨를 제거하고 얇게 저민다.

         * 최대한 얇게 썰어 층층이 쌓아줘야 맛과 식감이 좋다.

5   양배추는 식초물에 5분 이상 담가두었다가 흐르는 물에 깨끗이 씻은 후 가늘게 채 썬다.

6   식빵 한쪽 면에 비건 마요네즈를 펴 바른 후 사과를 겹겹이 쌓아 올린다.

7   나머지 식빵 한쪽 면에는 씨겨자를 바른 후 준비한 잎채소의 물기를 완전히 제거한 후 올린다. 으깬 감자 스프레드를 꾹꾹 눌러 펴 올린 후 채 썬 양배추도 적당량 올린다. ⑥의 식빵과 조심스레 합친다. 종이포일로 감싸 칼로 2등분한다.

         * 잎채소는 어떤 종류든 잘 어울리지만, 냉장고에서 비교적 장기간 신선하게 보관할 수 있는 버터헤드레터스를 추천한다. 영양소를 고려할 경우 단백질 함량이 높은 케일이나 시금치를 추천한다.

3

템페 아보카도
통밀 샌드위치

도시락은 싸야 하는데 준비된 재료는 마땅치 않고 귀찮음도 슬몃 올라
오는 날이 있다. 그렇다고 대충 때우듯이 사 먹자니 아쉬워 간단하지만
제대로 된 한 끼를 준비하고 싶을 때, 나만의 치트키를 쓴다. 바로 템페
와 아보카도! 두툼하게 썬 템페에 아보카도를 촘촘히 쌓아 올리는 것만
으로도 영양, 포만감, 맛 3박자 모두를 균형 있게 챙길 수 있다.

Ingredient

비건 통밀 식빵 2장　　　　　　　〔템페 밑간〕

템페 1개　　　　　　　　　　　　간장 1큰술

아보카도 1개　　　　　　　　　　큐민가루 1/3큰술

잎채소 5~6장(버터헤드레터스,　　파프리카가루 1/3큰술

　　양상추, 케일, 시금치 등)　　　소금·후추 약간

비건 마요네즈 1작은술

씨겨자 1작은술

1   냉동 보관한 템페는 실온에 최소 1시간 이상 두어 해동한 후 세
    로로 길게 4등분한다.

    * 해동이 덜 된 단단한 상태에서는 단면이 부스러져 깔끔하게 잘리지 않는다.

2   템페는 밑간 재료와 버무린 후 180℃로 예열한 오븐에서 15분간
    굽는다.

    * 기름을 두른 팬에서 뒤집어가며 네 면을 각각 3분 이상씩 구워도 된다.

3   잘 익은 아보카도는 세로로 2등분 해 씨를 제거하고 세로로 길
    게 썬다.

4   식빵 한쪽 면에 비건 마요네즈를 바른 뒤 잎채소를 겹겹이 쌓고
    템페를 나란히 올린다.

5   나머지 식빵 한쪽 면에는 씨겨자를 바르고 아보카도를 촘촘히
    쌓아올린다.

6   속재료가 쏟아지지 않도록 두 식빵을 조심스레 합친다. 종이포
    일로 감싸 칼로 2등분한다.

Tip   **씨겨자 활용하기** 치즈나 버터가 든 샌드위치 맛에 익숙하다면 비건 샌드위
      치가 살짝 맹숭맹숭하게 느껴질 수 있다. 그런 심심함을 잡아주는 재료가 바로
      씨겨자다. 톡 쏘는 알싸한 맛과 짭조름한 간을 더해주며, 홀로 도드라지기보다
      다른 재료의 맛을 상승시키는 역할을 한다.

4 당근 라페 사워도우 샌드위치

피크닉 도시락이라면 입으로 느끼는 맛만큼이나 눈으로 느끼는 맛도 중요하다. 도시락이라는 제한된 조건을 감안해 간단하게 준비해 편하게 먹을 수 있으면서도, 햇살 아래에서 쨍한 색감을 뽐내며 침샘을 자극하는 비주얼을 가진 메뉴가 베스트. '얇게 채를 썬다'라는 뜻의 프랑스어 '라페(Râpées)'에서 이름을 따온 당근 샐러드를 빵 사이에 수북이 채워 넣은 샌드위치라면 피크닉 도시락 메뉴로 합격이다. 재료 준비는 채 썰기만으로 끝나고, 카메라 앵글에 들어오는 반짝반짝 주황빛 당근의 색감도 훌륭하니 이보다 더 만족스러울 수 있을까!

Ingredient

사워도우 빵 2쪽	〔당근 라페 소스〕
당근 1개	올리브유 1큰술
다진 견과류 2큰술	화이트와인 식초 1큰술
잎채소 7~8장(버터헤드레터스,	(또는 식초)
양상추, 케일, 시금치 등)	디종 머스터드 1작은술
씨겨자 2작은술	설탕 1/3작은술
	소금·후추 약간

1 당근은 껍질을 벗기고 채칼로 가늘게 채 썬다.

2 볼에 당근 라페 소스 재료를 넣고 분리되지 않도록 충분히 섞는다.

3 채 썬 당근에 ②의 소스와 다진 견과류를 더해 골고루 섞는다.

* 속재료가 단출한 샌드위치라 견과류를 넣어 이따금씩 오도독 씹히는 식감을 내면 좋다. 고소한 맛이 사워도우 빵과도 잘 어울린다.

4 사워도우 빵 안쪽 면에 씨겨자를 바르고 잎채소를 겹겹이 쌓아 올린다.

5 그 위에 당근을 수북이 쌓고 남은 사워도우 빵으로 덮어준다.

Tip **사워도우 알아보기** 사워도우는 밀가루, 소금, 물, 공기(공기 중의 효모균)로 만든 천연 발효종 빵을 말한다. 인스턴트 이스트 대신 천연 발효종으로 빵을 만들면 발효 과정 중 글루텐이 분해되는 효과가 있어 소화가 잘되고 빵이 쉽게 마르지 않는다. 바삭한 겉면과 달리 속은 촉촉하고 쫀득하며, 맛이 살짝 시큼해 독특한 풍미를 낸다.

5 중동식 피타브레드 샌드위치

다른 나라의 음식들을 살펴보면 맛도 영양도 완벽한 채식 재료와 음식들을 꽤 많이 발견할 수 있다. 기름진 음식만 가득할 것 같은 중국은 '동두부'라 불리는 얼린 두부를 가장 먼저 요리에 활용한 나라이며, 요긴한 채식 식재료로 알려진 템페는 본래 인도네시아의 전통 음식이다. 중동 음식에 자주 등장하는 후무스나 팔라펠도 콩을 활용한 채식 메뉴로 다양한 향신료와 어우러져 매력적인 맛을 낸다. 이렇게 세계 여러 나라의 식재료로 이국적인 음식을 만들어 먹는 일은 채식 생활에 소소한 재미를 더해주는데, 특히 중동 음식이 그렇다. 후무스에, 팔라펠에, 이름도 맛도 낯선 재료를 가득 넣고 만든 샌드위치는 도시락 싸는 즐거움과 먹는 즐거움을 동시에 만족시켜 준다.

Ingredient

냉동 피타브레드 1장
냉동 팔라펠 2개
당근 라페 적당량(124쪽 참고)
후무스 적당량(112쪽 참고)
적양배추 1/8통
타히니 1작은술
씨겨자 1작은술

[적양배추 절임물]
비정제 설탕 1큰술
레몬즙 1/2개 분량
소금 1작은술
식초 1작은술
생수 1컵

[중동식 오이샐러드] * 4~5회분
통조림 병아리콩 1/2컵
(또는 삶은 병아리콩)
오이 1개
방울토마토 10개
파프리카 1/2개
양파 1/4개
이탈리안 파슬리 1줌
레몬즙 1개 분량
올리브유 1큰술
소금·후추 약간

1   적양배추는 가늘게 채 썬다. 큰 용기에 절임물 재료를 섞은 후 채 썬 적양배추를 넣어 1시간 이상 절인다.

2   오이는 세로로 길게 잘라 티스푼으로 가운데 씨를 제거한 후 한 번 더 세로로 2등분해 적당한 크기로 썬다.

3   중동식 오이샐러드 재료의 방울토마토, 파프리카, 양파도 오이 와 비슷한 크기로 썰고, 이탈리안 파슬리는 잘게 다진다.

4   큰 볼에 모든 중동식 오이샐러드 재료를 넣고 골고루 섞는다.

5   냉동 피타브레드와 냉동 팔라펠은 포장지에 안내된 조리법대로 준비한다.

6   당근 라페와 후무스는 기호에 맞게 적당량 준비한다.

7   피타브레드를 반으로 가르고 안쪽에 공간을 만들어 한 면에는 타히니, 다른 면에는 씨겨자를 골고루 바른다.

    * 참깨를 갈아 만든 타히니는 흔한 재료는 아니지만 아이허브 등의 온라인 몰에서 쉽게 구할 수 있다. 고소한 맛과 발라 먹기 좋은 질감에 구비해 두면 후 무스 재료 외에도 쓰임이 많다.

8   준비한 재료를 피타브레드 속에 주머니 채우듯 차곡차곡 넣는다.

Tip   **재료 미리 준비하기**   피타브레드 샌드위치는 후무스, 당근 라페, 중동식 오이 샐러드, 양배추절임까지 속재료 준비에 꽤나 손이 많이 간다. 하지만 모든 속 재료를 주말에 마음 먹고 만들어 두면 냉장고에서 1주일 정도 보관이 가능해 샐러드나 샌드위치 등 다양한 도시락에 활용할 수 있다.

6

색색 파프리카
월남쌈

달큰하고 시원한 즙이 가득한 파프리카는 색깔에 따라 맛과 향이 달라
골라 먹는 재미가 있다. 이러한 특성을 활용해 파프리카를 색색깔로 준
비하면 다채로운 맛의 월남쌈을 즐길 수 있다. 라이스페이퍼에 빨강,
주황, 노랑 파프리카를 한 조각씩 올리고 좋아하는 채소들을 추가로 얹
으면 상큼한 즙을 가득 품고 있는, 알록달록 예쁜 월남쌈이 완성된다.
채소로만 채워 가볍게 먹기 좋으면서 라이스페이퍼 덕에 먹고 나면 배
도 꽤 부르다.

Ingredient

빨강·주황·노랑 파프리카 각 1/2개   〔땅콩버터 소스〕
표고버섯 5개   땅콩버터 3큰술
양배추 1/8통   비건 마요네즈 1큰술
깻잎 7장   조청 1큰술(또는 올리고당)
파인애플 링 2조각   레몬즙 1/3큰술(또는 식초)
라이스페이퍼 7장   간장 1작은술
로메인상추 7장

〔표고버섯 양념〕
간장 1큰술
조청 1작은술(또는 올리고당)
참기름 1/2큰술

How to make

1   파프리카는 꼭지와 밑동을 평평하게 잘라낸 후 비슷한 길이와 두께로 채 썬다. 표고버섯은 밑동을 떼어내고 굵게 채 썬다.

2   양배추는 식초물에 5분 이상 담가 깨끗이 씻어 가늘게 채 썰고, 깻잎은 가로로 돌돌 말아 가늘게 채 썬다.

3   파인애플 링 2개는 각각 8등분으로 조각낸다.

4   기름을 두른 팬에 굵게 채 썬 표고버섯을 넣고 볶다가 표고버섯 양념 재료를 넣어 섞는다. 양념이 적당히 배면 불을 끈다.

5   찬물을 담은 볼에 라이스페이퍼를 넣고 앞뒤로 적신 후 접시에 깔고 로메인상추를 올린다.

      * 라이스페이퍼는 찬물에 골고루 적시면 속재료를 세팅하는 동안 적당히 부드러워진다. 뜨거운 물에 부드러워질 때까지 불릴 경우 쉽게 찢어지고 흐물거려서 다루기가 쉽지 않다. 찬물을 사용하면 월남쌈 말기가 훨씬 수월하고 식감도 더 쫄깃하다.

6   로메인상추 위에 색색의 파프리카를 나란히 깔고, 그 위에 버섯 볶음, 채 썬 양배추, 깻잎, 파인애플을 올린다.

      * 모든 속재료는 취향에 따라 가감해도 좋지만 로메인상추는 식감도 좋으면서 속재료를 한 번에 말아낼 때 고정하는 역할을 해주니 넣는 것을 추천한다.

7   로메인상추가 모든 속재료를 감싸도록 라이스페이퍼와 로메인상추를 동시에 잡고 김밥 말듯 한 번에 도르륵 만다.

8   볼에 땅콩버터 소스 재료를 섞어 찍어 먹을 수 있게 따로 담아낸다.

Tip   **도시락 깔끔하게 싸기**   라이스페이퍼의 특성상 말아놓은 월남쌈이 서로 달라붙거나 도시락 용기에 붙어 잘 떨어지지 않는 경우가 있다. 장기간 보관해야 하거나 좀 더 깔끔하게 먹고 싶다면 월남쌈을 만든 후 깻잎으로 살짝 감싸 도시락 용기에 넣으면 모양도 유지되고 그대로 손쉽게 집어먹을 수 있다.

7

제철 과일
퀴노아 샐러드

제철에 나는 거의 모든 과일을 좋아하지만 직장인이 과일을 잘 챙겨 먹기란 쉽지 않다. 회사에 구내 식당이 있더라도 값비싼 제철 과일이 자주 나올 리 만무하고, 회사 근처에 과일을 따로 사 먹을 곳도 마땅치 않을 것이다. 여러모로 집 밖에서 과일을 푸짐하게 챙겨 먹기란 어려운 일. 하지만 도시락으로 식사를 한다면 이야기가 달라진다. 과일을 듬뿍 넣은 든든한 퀴노아 샐러드는 애용하는 도시락 메뉴 중 하나이다. 과일이 유독 당기는 날에는 과일만 종류별로 여러 통을 챙겨와 완전한 자연식물식을 한다. 점심시간에 달콤한 과일을 듬뿍 먹고 나면 괜히 일도 더 잘되는 것 같다.

Ingredient

퀴노아 1/2컵
물 1컵
오이 1/4개
방울토마토 5개
한입 크기로 썬 제철 과일 1컵
잎채소 2줌(케일, 치커리 등)
생 허브 1줌(민트잎, 바질잎 등)
구운 견과류 1줌

〔드레싱〕
아보카도오일 1큰술
(또는 올리브유)
레몬즙 1/2개 분량
소금·후추 약간

How to make

1	퀴노아는 2~3회 찬물에 비벼가며 깨끗이 씻는다. 냄비에 퀴노아(1/2컵), 물(1컵)을 넣어 끓어오르면 약한 불에서 10분 정도 삶은 후 불을 끄고 10분간 뜸 들인다.
2	오이는 모양대로 최대한 얇게 슬라이스한다.
3	방울토마토와 제철 과일을 사방 1cm 크기로 작게 썰고, 잎채소와 생 허브는 손으로 한입 크기로 뜯는다.
4	볼에 잎채소, 드레싱 재료를 넣고 코팅하듯 버무린다.
5	④에 삶은 퀴노아, 오이, 방울토마토, 제철 과일, 생 허브, 견과류를 넣고 한 번 더 골고루 섞는다.

Tip   **과일 선택하기**   퀴노아 샐러드는 대체로 모든 과일과 잘 어울리지만 특히 조합이 좋은 제철 과일로는 딸기(봄), 수박 또는 자두(여름), 단감 또는 사과(가을), 귤(겨울)을 추천한다. 민트잎이나 바질잎은 없으면 생략해도 무방하지만 과일과 허브와의 조화는 생략하기엔 아쉬울 정도로 잘 어울린다.

8

김치 살사
콩 샐러드

채식을 하면서 인공적인 음식이나 기름진 음식과 자연스레 멀어졌다.
동시에 둔해진 미각이 되살아나 예전 같으면 그저 혀끝 한 번 스치고
지나쳤을 맛들도 하나하나 음미하는가 하면, 더러는 평생을 싫어했던
음식이 하루아침에 '최애'가 되는 드라마틱한 변화를 경험하기도 한다.
콩이라면 질색하던 내가 이제는 종류별로 모아 샐러드를 만들어 먹을
정도로. 이 메뉴는 외국 요리 콘텐츠 중 김치 통조림을 샐러드 토핑으
로 얹어 내는 걸 보고, 맛있을까 반신반의하며 내 식대로 개발한 것이
다. 묵은지로 살사 소스를 만들어 콩샐러드에 얹으면 완성. 콩의 색다
른 매력을 느낄 수 있다.

Ingredient

익힌 콩 2~3컵
(강낭콩, 병아리콩, 렌틸콩 등)

〔김치 살사〕
묵은지 1장
방울토마토 6개
양파 1/4개(작은 것)
라임즙 1/2개 분량
소금 약간
고수 3~4줄기

1 준비한 콩은 각각 조리법에 맞게 익히고, 통조림 콩을 준비했다
면 체에 밭쳐 물기만 가볍게 제거한다.

 * 통조림 콩을 사용하면 재료 준비에 드는 시간을 줄일 수 있다. 온라인 몰에
서 첨가물이 들어있지 않은 다양한 종류의 통조림 콩을 쉽게 구입할 수 있다.
남은 콩은 통조림에 들어있는 국물과 함께 밀폐용기에 담아 냉장 보관한다.

2 묵은지는 흐르는 물에 깨끗이 씻어 물기를 꼭 짜낸다. 묵은지,
방울토마토, 양파를 비슷한 크기로 잘게 다진다.

3 볼에 ②의 재료, 라임즙을 넣고 소금으로 간을 맞춘다. 고수를
다져 넣고 버무린다.

4 넓은 그릇에 삶은 콩, ③의 김치 살사를 구역을 구분해 담고 적
당히 섞어가며 먹는다.

Tip   **토마토를 과일로 대체하기**   김치 살사 재료의 토마토를 달콤한 과일로 대체
하면 색다른 맛으로 즐길 수 있다. 차갑게 먹는 샐러드라 파인애플이나 자두
같은 여름 과일과의 어울림이 특히 좋다.

요가로운
비건 라이프

가만 생각해 보면 불과 6~7년 전의 나는 지금의 나와는 아예 다른 사람이었다. 딱히 하고 싶은 것도, 이루고 싶은 목표도 없이 살아지는 대로 살았던 것 같다. 그랬던 내가 변화하게 된 가장 큰 계기가 바로 요가다. 종종 요가를 두고 운동이 되니 안 되니 하는 화두를 던지는 사람들이 있는데, 개인적으로 요가는 운동이라는 카테고리와는 전혀 다른 범주의 것이라 생각한다. 한 사람의 삶 깊숙이 들어와 라이프 스타일 전체를 바꿔놓는 힘을 갖고 있다고.

내가 요가를 시작하고 얻은 가장 큰 수확은 아무것도 가진 게 없다고 생각했던 나라는 존재를 작은 성취감들로 촘촘히 채워낸 일이다. 요가 수련을 하다 보면 짧게는 바로 어제, 길게는 수개월 전에 어림도 없었던 동작들이 조금씩 나아지고 있음을 느낀다. 작은 동작 하나를 다듬어가며 느끼는 크고 작은 기쁨의 순간들이 오롯이 몸과 마음에 새겨져 계속해서 뭔가를 해내고 싶다는 다짐을 하게 만든다. 어려운 일도 결국은 이룰 수 있을 것 같은, 전에 없던 스스로에 대한 믿음도 강해졌다. 그러다 보니 무언가 새로운 일을 시작하는 마음이 예전보다 훨씬 가볍다.

채식을 하겠다는 결심도, 채식 도시락을 챙겨보겠다는 다짐도 가볍게 시작했다. '그냥 한번 해 보지 뭐'라는 식의 태도로. 아침마다 실천 중인 요가 수련도 가벼운 마음으로 시작했더니 아직까지 매일 빼먹지 않고 있다. 이러한 마음가짐은 일을 할 때도 반영된다. 새로운 일에 대한 부담감이나 두려움보다는 아무리 어렵고 복잡한 일일지라도 어떤 방향으로든 '되어진다'는 쪽을 더 믿게 됐다. 자신감의 크기는 과거에 경험한 성공의 크기와 비례한다고 하는데, 이때 꼭 대단한 성공만 카운트되는 것은 아닌 것 같다. 요가 수련 중에 쌓인 사소한 성공의 경험들이 지금의 나를 만들었다고 믿는다.

어떤 방식의 채식이든
모두 옳다

채식주의자들은 어디까지 식물성 식단을 지키느냐에 따라 여러 타입으로 나
뉜다. 해산물까지 먹는 사람, 유제품까지 먹는 사람, 달걀까지 먹는 사람, 그리
고 더러는 상황에 따라 간헐적 육식을 허용하는 사람까지도 채식주의자 범주
안에 두고 각각에 이름을 붙여준다. 굳이 이렇게까지 세세하게 구분 짓고 기억
하기도 힘든 이름을 붙이는 일이 필요할까 하는 생각을 한 적도 있다. 허나 지
금은 생각이 달라졌다. 매 끼니마다 온전한 채식을 고수하는 게 쉬운 일은 아
니기에, 채식의 범위를 가능한 열어 두고 나름의 방식대로 실천하고 있는 모든
이들을 포용하기 위함은 아닐까 싶다.

나 역시 처음에는 엄격한 비건으로 시작했다가 가족들과 갈등을 겪고 나서는, 채식을 통해 지키려는 신념과 주변 사람들과의 관계 모두를 해치지 않는 선에서 채식을 실천하기로 마음먹었다. 이제는 내 손으로 직접 해 먹는 음식에 한해서만 완전 비건식을 지킨다는 기준을 세워두고, 이외 가족들과의 식사나 회식 자리에서는 간헐적으로 해산물과 유제품까지 먹기도 한다. 처음에는 살아 있는 모든 생명이 다 귀한데 소, 돼지, 닭은 절대 안 되고 해산물 정도는 가끔 먹어도 괜찮다는 기준에 혼란스럽기도 했다. 스스로도 이해하기 힘든 기준과 타협해 버린 자신과 상황에 화가 나기도 했다. 그러다 이제는 나 혼자가 아닌 다 같이 행복하자고 시작한 채식인 만큼 그 선한 의도 안에서 각자의 '되는 만큼'을 해 내면 충분히 괜찮다고 생각한다. 어떤 방식의 채식이든 옳은 일이므로. 그러니 채식에 공감은 하지만 막상 엄두가 나지 않는다면 스스로 할 수 있는 만큼만 실천해 봤으면 한다. 그게 어떤 모습의 채식이라도 각자가 최선을 다한 결과라면 응원받아 마땅하다.

채식 도시락
곁들임 메뉴

청양고추
피클

입맛을 돌게 하는 매콤달콤한 청양고추 피클. 넉넉히 만들어 반찬으로 먹어도 좋고, 잘게 다져 김밥이나 비빔밥에 넣어 먹는 것도 추천!

Ingredient

청양고추 200g

〔피클물〕
물 1컵
식초 1/2컵
설탕 1/2컵
소금 1큰술
통후추 1작은술

How to make

① 청양고추는 깨끗이 씻어 적당한 크기로 송송 썬 후 넉넉한 크기의 내열 밀폐용기에 담는다.

② 냄비에 피클물 재료를 넣고 바글바글 끓인다.

③ 피클물이 뜨거울 때 ①의 청양고추에 붓고 한 김 식힌 후 냉장 보관한다.

　＊ 1개월 정도 보관 가능하지만 시간이 지나면 맛이 덜해지니 2주 이내에 먹는 것이 좋다.

시금치
페스토

시금치를 좀 더 특별하게 즐기고 싶을 땐 페스토를 만들어
본다. 파스타나 피자 소스로 활용하기 좋고 템페 김밥에 넣
어 먹어도 맛있다.

Ingredient

시금치 120g
마늘 1쪽
구운 호두 40g
올리브유 1/2컵
레몬즙 2작은술
소금 1/2작은술
후추 약간

How to make

① 시금치는 칼로 대충 다진다.
② 모든 재료를 믹서 또는 핸드 블렌더를 이용해 곱게 간다.

톳 두부무침

채식하기 전부터 자주 해먹다가 채식 후엔 더 자주 해먹고 있는, 정말 좋아하는 반찬! 톳과 두부의 조합은 영양면에서 빠지는 게 없는데 맛과 식감의 조화도 훌륭하다.

Ingredient

쪄서 말린 톳 1/2컵
(생 톳 2컵 분량)
두부 1모(300g)
소금 1작은술
참기름 1큰술
통깨 1큰술

〔톳 밑간〕
간장 1/2큰술
다진 마늘 1/2큰술

How to make

① 말린 톳은 물에 불려 물기를 빼고 톳 밑간 재료와 섞어 간이 배도록 조물조물 무친다.

② 두부는 면포로 감싸 물기를 꼭 짠 후 소금을 뿌려 간이 배도록 으깬다.

③ 볼에 톳, 으깬 두부, 참기름, 통깨를 넣고 섞는다.

   * 톳과 두부는 따로 밑간한 후 섞어야 각각에 적당한 간이 배어 더 맛있다.

아스파라거스
두부무침

일부러 챙겨 먹지 않으면 손이 잘 안 가는 브로콜리나 아스파라거스를 일상적인 재료인 두부와 무쳐내면 계속 집어먹게 된다. 담백한 맛에 묘하게 중독되는 매력적인 반찬이다.

Ingredient

아스파라거스 5~6개(가느다란 것)
두부 1/2모(150g)
소금 약간
간장 2작은술
참기름 1작은술
통깨 1큰술

How to make

① 두부는 물기를 꼭 짠 후 볼에 담는다. 간장, 참기름, 통깨를 넣고 손으로 부드럽게 으깨가며 골고루 양념이 배도록 한다.

② 아스파라거스는 4등분한다. 끓는 물에 소금, 아스파라거스를 넣고 2분간 삶는다.

   * 아스파라거스는 가느다란 것을 추천하며 굵은 것의 경우 섬유질 때문에 질길 수 있으므로 필러로 겉껍질을 얇게 벗겨내고 사용한다.

③ 물기를 제거한 아스파라거스를 ①의 볼에 넣고 버무린다. 부족한 간은 소금으로 맞춘다.

표고버섯
두부강정

바삭하게 튀겨 단짠 소스를 버무린 강정은 어떤 재료를 메인으로 써도 맛있지만 표고버섯과 얼린 두부를 활용하면 더없이 맛있다. 식었을 때의 식감도 나름 매력 있어서 도시락 반찬으로도 잘 어울린다.

Ingredient

두부 1모(얼리기 전 300g)

표고버섯 10개

식용유 적당량

통깨 약간

〔튀김옷〕

전분가루 3큰술 + 소금 1/2작은술(두부)

전분가루 3큰술 + 소금 1/2작은술(버섯)

〔소스〕

다진 마늘 2쪽 분량

다진 홍고추 1개 분량

물 4큰술

조청 2큰술(또는 올리고당)

간장 1과 1/2큰술

식초 1큰술

How to make

① 얼린 두부는 해동해 물기를 완전히 제거한 후 사방 2cm 크기의 큐브 모양으로 썬다.

　＊ 두부는 얼렸다 녹이면 탄성이 생겨 물기를 완벽하게 제거할 수 있다. 덕분에 바삭한 튀김을 만들 수 있다.

② 표고버섯은 밑동을 떼어내고 4등분한다.

③ 두부와 버섯에 각각 튀김옷을 입힌다. 뚜껑 있는 밀폐용기에 넣고 살살 흔든다.

④ 기름에 바삭하게 두 번 튀겨내거나 에어프라이어(7분 + 뒤집어 5분) 또는 오븐(180℃, 20분)에 굽는다.

⑤ 냄비에 소스 재료를 넣고 끓이다가 졸아들면 튀긴 두부와 버섯을 섞은 후 통깨를 뿌린다.

콩나물
장조림

콩나물은 데쳐서 무치기만 해도 은근히 손이 자주 가는 반찬인데, 짭조름한 장조림으로 만들면 소복이 담은 밥 한 공기가 우스울 정도로 술술 넘어간다.

Ingredient

콩나물 1봉(300g)

간장 3큰술

다진 마늘 1큰술

비정제 설탕 2/3큰술

조청 1큰술(또는 올리고당)

통깨 1큰술

고춧가루 1큰술(생략 가능)

How to make

① 콩나물은 깨끗이 씻어 물기를 뺀다.

② 두꺼운 팬에 콩나물, 간장, 다진 마늘, 설탕, 조청을 넣고 중간 불에서 볶다가 국물이 자박자박하게 생기면 약한 불에서 졸인다.

③ 국물이 조금 남았을 때 불을 끄고 통깨와 고춧가루를 더한다.

브로콜리
감자샐러드

브로콜리를 신나게 와구와구 먹을 수 있는 방법! 적당하게 잘 삶은 브로콜리를 호불호 적은 으깬 감자와 버무리면 누구나 좋아할 만한 샐러드가 완성된다.

Ingredient

브로콜리 1/2개 + 소금 약간

삶은 감자 2개

양파 1/4개 + 소금 1/2작은술

소금 1/3작은술

비건 마요네즈 2큰술

씨겨자 1작은술

후추 약간

How to make

① 양파는 채 썰어 소금(1/2작은술)에 30분간 절인 후 물기를 꼭 짠다.

② 브로콜리는 한입 크기로 썬다.

③ 끓는 물에 소금(약간), 브로콜리를 넣고 2분간 삶은 후 찬물에 헹궈 물기를 뺀다.

④ 삶은 감자는 뜨거울 때 껍질을 벗긴 후 으깬다.

⑤ 볼에 브로콜리, 으깬 감자, 절인 양파를 넣고 소금(1/3작은술), 비건 마요네즈, 씨겨자, 후추를 넣어 버무린다.

방울토마토 절임

여름날, 토마토절임을 만들어 두면 요모조모 쓸모가 많다. 사워도우 빵에 얹어먹어도, 샐러드나 냉파스타 토핑으로 사용해도, 김밥이나 샌드위치 도시락의 곁들임 반찬으로도 잘 어울린다.

Ingredient

방울토마토 1팩(500g)

〔절임물〕
올리브유 3큰술
화이트와인 식초 2큰술
레몬즙 1큰술(또는 식초)
다진 양파 1/4개 분량
다진 마늘 1쪽 분량
바질잎 5~6장
소금, 후추 약간

How to make

① 방울토마토에 열십 자(+)로 칼집을 내고 끓는 물에 20초 정도 데친 후 찬물에 담가 껍질을 벗긴다.

② 큰 밀폐용기에 절임물 재료를 섞는다. 이때 바질잎은 손으로 찢어 넣는다.

③ 껍질 벗긴 토마토를 절임물에 넣고 골고루 코팅시킨 후 냉장고에 보관해 차게 먹는다.

두유
요거트

비건 요거트 스타터와 두유를 사용하면 유제품을 먹지 않는 채식인들도 충분히 즐길 수 있는 요거트가 완성된다. 그래놀라와 함께 먹으면 더욱 든든하다.

Ingredient

두유 900ml
비건 요거트 스타터 1포

How to make

① 밀폐용기에 두유, 비건 요거트 스타터를 넣고 잘 섞는다.

  * 우유로 만들었을 때보다 요거트 농도가 묽은 편이므로 되직한 질감의 '매일두유' 제품을 추천한다.
    또한 두유는 첨가물이 들어있지 않은 것으로 고른다.

② 뚜껑을 덮어 따뜻한 곳에서 10시간 정도 발효시킨 후 냉장고에 보관해 차게 먹는다. 과일이나
   그래놀라 등을 토핑해도 좋다.

바나나
그래놀라

견과류를 종류별로 준비해 건과일과 함께 구우면 훌륭한 비건 간식이 완성된다. 은은한 단맛이 좋아 요거트, 샐러드 등에 곁들여 먹기도 좋다. 달콤한 바나나를 더해 조청이나 시럽은 최소로 활용했다.

Ingredient

크기가 큰 견과류 3컵
(아몬드, 캐슈넛, 호두, 피칸 등)

크기가 작은 견과류 1컵
(헤이즐넛, 해바라기씨, 피스타치오,
햄프씨드 등)

오트밀(압착 귀리) 2컵

건과일 1컵
(건포도, 크랜베리, 무화과 등)

바나나 1개

식물성 오일 2큰술(올리브유, 아보카도
오일 등)

조청 2큰술(또는 꿀, 메이플시럽)

바닐라 에센스 1작은술(생략 가능)

Tip **그래놀라 보관하기** 500ml 밀폐용기 3개를 가득 채우는 분량이 완성된다. 바싹 구워낸 것이기에 직사광선을 피해 건조한 곳에 보관하면 장기간 두고 먹을 수 있다. 견과류는 지방 성분이 많고 칼로리가 높으므로 하루에 1줌 정도로 섭취량을 제한하는 것이 좋다.

How to make

① 크기가 큰 견과류는 굵게 썬 후, 크기가 작은 견과류, 오트밀, 건과일과 볼에 넣고 섞는다.

② 다른 볼에 바나나를 넣고 포크로 완전히 으깬 후 식물성 오일, 조청을 넣어 잘 섞는다.

③ ①의 볼에 ②를 넣고 골고루 코팅시킨다. 기호에 따라 바닐라 에센스를 넣는다.

④ 종이포일을 깐 오븐 팬에 펼쳐올린 후 150℃로 예열한 오븐에서 30~40분 정도 갈색이 될 때까지 굽는다. 이때 10분마다 한 번씩 뒤집어 줘야 골고루 바삭하게 구울 수 있다.

템페칩

템페를 최대한 얇게 썰어 구우면 출출할 때 간식처럼 집어
먹기 좋다. 땅콩버터 소스(132쪽 참고)나 살사, 혹은 마요
네즈와 씨겨자를 섞어 만든 소스와 함께 먹으면 더 맛있다.

Ingredient

템페 200g
소금·후추 약간
큐민가루 약간
파프리카가루 약간

How to make

① 템페는 얇게 저미듯 슬라이스한다.

② 오븐(180℃, 15분) 또는 에어프라이어(200℃, 10분)를 이용해 바삭하게 구운 후 소금, 후추, 큐민가
루, 파프리카가루를 적당히 뿌려 간을 맞춘다.

이 책은 종이의 순환을 위해 본문에 친환경 미색지를 사용했습니다.